当众表达能力训练

主编 隋 君 李 丹 杨晶坤

东北大学出版社
·沈 阳·

ⓒ 隋 君 李 丹 杨晶坤 2023

图书在版编目（CIP）数据

当众表达能力训练／隋君，李丹，杨晶坤主编．— 沈阳：东北大学出版社，2023.1
　　ISBN 978-7-5517-3208-6

Ⅰ.①当… Ⅱ.①隋… ②李… ③杨… Ⅲ.①语言表达 Ⅳ.①H0

中国国家版本馆 CIP 数据核字（2023）第 025872 号

出 版 者：东北大学出版社
　　　　　地　址：沈阳市和平区文化路三号巷 11 号
　　　　　邮编：110819
　　　　　电话：024-83683655（总编室）　83687331（营销部）
　　　　　传真：024-83687332（总编室）　83680180（营销部）
　　　　　网址：http://www.neupress.com
　　　　　E-mail：neuph@neupress.com
印 刷 者：沈阳市第二市政建设工程公司印刷厂
发 行 者：东北大学出版社
幅面尺寸：170 mm×240 mm
印　　张：12
字　　数：203 千字
出版时间：2023 年 1 月第 1 版
印刷时间：2023 年 1 月第 1 次印刷
策划编辑：牛连功
责任编辑：杨　坤
责任校对：杨世剑
封面设计：潘正一

ISBN 978-7-5517-3208-6　　　　　　　　　　　　　　定　价：36.00 元

《当众表达能力训练》编委会

主　编　隋　君　李　丹　杨晶坤

副主编　何　颖　马　艳　宋义琴　徐双红
　　　　　张婷婷　陈湘宁　郭艳平　郑美玲

编　委　李　鑫　代　清　常家圆　刘喜双
　　　　　罗丽震　董晓成　马春玲　程雪伟
　　　　　尚学艳　吴　迪　韩　莎　王娜娜
　　　　　罗　斌　李　刚　李奇鑫　杨晓华
　　　　　赵　杰　马志芳　宋淑平　张　莉

前　言

> 您是一个对自我发展有要求的人吗？
> 您想提升当众表达能力吗？
> 打开本书，您已经开启了"提升当众表达能力"之旅！

学习当众表达，我们一路同行

这个时代，需要当众表达的时刻很多，一次当众讲话就是一次机会，当众表达能力已经成为每个人成长的核心技能。

在当今高速发展的信息时代，社会竞争日趋激烈，沟通和交往能力是一个人成功的重要因素。

生活中，有太多的场合需要当众表达。无论是工作、生活中还是学习中，衡量一个人是否有能力，这种能力能否表现出来，在很大程度上要看他是否具备当众表达能力。在社会生活的各个领域，当众表达能力起着举足轻重的作用。

人们习惯将擅长当众表达的人称为"有口才"的人，口才的重要性不言而喻。古人有"一人之辩，重于九鼎之宝；三寸之舌，强于百万之师"的说法，良好的当众表达能力能快速增加个人魅力，提升影响力。

但是，有些人根本不懂得如何表达，以为当众表达是一种天生的能力，所以即使知道当众表达很重要，也不会对当众表达能力的训练有足够的重视，于是便出现了很多表达问题：

一遇到当众表达的机会就紧张，生怕被叫到！

本来精心做了准备，可是现场当众表达效果却很不理想……

当众讲话时，最怕被人打断，一被打断就接不上话了……

因为表达不清、词不达意，曾经痛失良机！

有人一张口讲话不是卡壳就是忘词，紧张、大脑空白、缺乏逻辑、平淡无奇……

越来越多的人意识到当众表达的重要，认识到自身在当众表达方面的不足，希望通过学习提升自己的当众讲话能力、演讲表达能力，做到从容自如地把心中所想有效地表达出来。

虽然看上去表达涉及的问题方方面面，每个人的情况也各不相同。但事实上，大多数人在当众表达的时候，都有一些最常见的核心问题。如果掌握了这些核心问题，表达上的困惑就能快速解决，当众表达能力也会快速、有效地提升。本书将集中解决一些在表达中最迫切需要解决的核心问题。

当众讲话属于一种技能，任何技能都是需要训练才能学会的。掌握当众表达的正确方法和技巧，在当众表达各阶段做对最关键的几个方面，再进行有针对性的正确训练，完全可能在很短的时间内，让自己的当众表达令人刮目相看。

本书是侧重从理论及表达实践方面进行表达策略的指南，本书中的当众表达、当众讲话属于演讲的初级阶段，主要适用于日常当众讲话，以及一些小型的当众表达场景。特别适合大中学生、教师、公务员、公司职员、创业者等所有期待提升自己当众表达能力的人。

本书分为五章，依次为表达时代、表达准备、表达思维、表达技巧、表达场景。本书采取理论和实践相结合的手法，用通俗易懂的语言，递进式地讲述了当众表达能力的重要性、当众表达前的准备、如何建立表达结构和表达思维、提升表达能力的技巧、表达的场景指导等，并且每章后面都有当众表达能力提升训练。

本书针对大多数表达者存在的当众讲话紧张、恐惧、忘词、反应慢、思路不清、逻辑混乱、平淡无奇等表达痛点，进行了具体到位的分析，提出了应对的核心方法、相关案例及指导建议。阅读本书，能从中学会如何克服紧张情绪、建立思维框架、击破表达痛点、提炼核心观点，提升思考力和当众表达能力。

当然，提升当众表达能力，实践很重要。学习表达看似只是锻炼表达能力，其实，表达能力的提升不仅是表面的收获，而且如同浮在水面的莲花，水底下还有丰富的枝条和根系，表达能力提升的背后是自信、勇气、思维、内心世界的呈现。

当人们通过策略指南的学习，敢于突破自己的心理防线，学会建立表达的思维逻辑架构时，再将其更多地运用到真实的场景中去实践、去突破，并练好真才实学的内功，丰富人生阅历，那么人生一定会有很大的飞跃！

TED掌门人克里斯·安德森说："无论今天公众演讲有多么重要，未来只会更加重要。"

您准备好马上摆脱当众讲话常见问题的尴尬，准备好开始感受自己对表达效果的逐步掌控，准备好开始体会当众讲话的乐趣和满足感，并进一步提升自己了吗？

学习当众表达，让我们一路同行！

编　者

2022年10月

目　录

第一章　表达时代

- 一、当众表达能力有多重要 …………………………………………… 2
- 二、中国学生亟待提高当众表达能力 ………………………………… 10
- 三、当众表达能力是可以培养的——好口才靠后天训练 …………… 17
- 四、当众表达能力提升训练一 ………………………………………… 24

第二章　表达准备

- 一、建立当众表达的自信心——克服紧张恐惧，敢说不难 ………… 28
- 二、在阅读中学习表达——阅读让表达更有根基 …………………… 41
- 三、怎样充分准备一次当众讲话 ……………………………………… 46
- 四、当众表达能力提升训练二 ………………………………………… 54

第三章　表达思维

- 一、发散思维与当众表达——想得好，才能说得好 ………………… 58
- 二、发散思维，让你的思路更开阔 …………………………………… 61
- 三、建立结构思维，让讲话有章法 …………………………………… 67
- 四、提升逻辑思维，让讲话随时都能有条理 ………………………… 80
- 五、当众表达能力提升训练三 ………………………………………… 87

第四章　表达技巧

一、学会讲故事，让表达更具感染力 ……………………… 90
二、调动肢体语言，让身体也会"说话" …………………… 101
三、善用情感真诚打动他人 ………………………………… 111
四、当众表达能力提升训练四 ……………………………… 117

第五章　表达场景

一、倾听与表达——听明白，才能说清楚 ………………… 120
二、自我介绍——展现与众不同的自己 …………………… 132
三、即席发言——抓住就是机会 …………………………… 142
四、主动的即兴表达——关键时刻，张口就能说 ………… 150
五、被动的即兴表达——学会化被动为主动 ……………… 156
六、如何进行一场讨论——提升表达和解决问题能力 …… 165
七、辩论——辩出口才 ……………………………………… 169
八、当众表达能力提升训练五 ……………………………… 177

参考文献 ………………………………………………………… 180

后　记 …………………………………………………………… 181

第一章
表达时代

> 罗振宇在《奇葩说》中说：
> "当代社会，最重要的能力就是表达能力。"
> 随着社会的发展，当众表达无处不在，当众表达能力就是影响力，是现代人必备的职场技能；当众表达能提升人们的表达力、逻辑力和组织力，提升人们的综合素质……这个时代在悄悄地奖励当众表达能力强的人。
> 调查结果显示：中国孩子的当众表达能力亟待提高。
> 当众表达能力不是生来就有的，完全可以通过后天训练获得。

一、当众表达能力有多重要

> 罗振宇在《奇葩说》中说："当代社会，最重要的能力就是表达能力。"
>
> 英国前首相丘吉尔曾说："你能对着多少人当众讲话，你的事业就会有多大！"

课堂讨论需要当众发言，你的发言思路清晰吗？

小组会议上要做分享，你想怎么表达？

要去新公司面试了，你该如何准备？

老板约你谈话，你打算怎样向他展示自己？

获得了奖励，你如何上台发表获奖感言？

什么是当众表达？

有人说，当众表达就是那些手拿话筒的人站在大舞台上或聚光灯下，面对很多人讲话，有音乐，有掌声，有慷慨陈词。只有这样的场景才算当众表达吗？

其实，并不是只有站在舞台上或聚光灯下，面对台下众多的人讲话才是当众表达。

简单地说，面对两个以上人的场景，一对多的当众讲话，都属于当众表达。

比如：朋友之间小聚，一个人说话，两个以上人在听；部门召开小型会议，一个人面对几个人讲话；公司召开大会，一个人面对几十、几百个人讲话；企业召开大型招商会，一个人面对几千个人讲话；一个网络主播开一场直播，面对全平台几万、十几万个观众讲话……这些都是当众表达。当众表达是在一对多的环境下，表达观点、传递信息的能力。演讲是较高级的当众表达形式，是一种一个人讲话可以辐射到一群人的能力。

当众表达，是一件每天都在发生的事情；当众表达，是一门人人都应该掌握的交流技能。

学会当众表达，对一个人走向社会，无论是求职、发展、创业，还是整个人生，都非常重要。

（一）当众表达无处不在

在这个网络和自媒体快速发展的时代，无论是求学、工作中还是生活中，当众表达无处不在。

从学生的课堂讨论、小组发言分享、自我介绍、竞选演说、各类演讲、辩论等，到工作中的述职、答辩、竞聘、汇报、开会发言、主持、谈判等，再到生活中的聚会、沙龙、酒宴、结婚致辞、交友等，有太多的场合需要当众表达。

如果你恰好从事以当众讲话为主的职业（如教师、律师、外交官、培训师等），或承担与主持、宣传、推广、主播等有关的工作，当众讲话的频率就更高了。

过去，在重要的场合，普通人想要当众表达的机会很少，只有那些公众人物，才有更多机会被邀请讲几句话。

如今，当众表达是随时随地发生的事情。尤其随着自媒体的快速发展，每个人都有机会表达想法和观点，平时只要我们支起手机，随手录发一段视频，或者在各类直播平台做一场直播，立刻就"当众"了；当众表达者的舞台无限宽广，且想法和观点瞬间可以跨越国界，传递到世界的各个角落。

过去，主播是只属于少数人的精英职业；今天，表达红利时代，互联网是表达能力的扩放器，打开各类直播平台，人人都有可能成为网络主播或演说家。过去，一个千人大企业一年的盈利总额，在今天，一个人气网络主播在"双十一"直播带货一天就能达成。

从线下到线上，从较正式的场合到日常生活，人们的当众表达有了更多的渠道，人们表达的意愿在显著提升，当众表达正在与时俱进。配合着这种表达的趋势，各类媒体推出的独具匠心的语言类综艺节目（如脱口秀、辩论综艺、知识谈话等）如雨后春笋，层出不穷……无处不在的当众表达越来越呈现出重要性。

（二）当众表达能力就是影响力

当今社会竞争激烈，如何快速地让自己脱颖而出呢？当众表达就是最快捷地传递思想、增加影响力的途径。

一个人的表达能力就是他的影响力，表达能力越强的人，越容易赢得别人的信任，往往影响力也越大。一个人有了卓越的影响力和信任力，会收获更多精神和物质财富，争取到更多的话语权和资源，表达能力也是领导力的核心。

"登高一呼，应者云集。"从古至今，无数风云人物都有很强的当众表达能力：诸葛亮舌战群儒，使天下三分；刘邦三句金言，遂定大汉帝国；奥巴马通过公众演说宣扬治国方针，终成美国第一位黑人总统……

美国前总统奥巴马，最初只是伊利诺伊州的一名普通参议员。2004年7月，他发表了名为《无畏的希望》的主题演说，提出了"要消除党派和种族分歧，实现一个美国"的理念。许多媒体把他这场慷慨激昂的演说，与美国黑人民权运动领袖马丁·路德·金的著名演讲《我有一个梦想》做比较。一经媒体传播，奥巴马立刻声名鹊起，很多人从此记住了这张年轻的黑色面孔。

超凡的演说能力，让奥巴马一讲成名，变身政坛"黑马"。2008年11月，在种族歧视严重的美国，奥巴马以绝对优势当选为美国历史上第一位黑人总统。

又如，习近平主席在国内外出席一些重大场合时，都要发表演讲。春节时，还会向全国人民及海外华侨发表新年贺词。

无论是政界人士，还是商界精英，以及古今中外无数的军事家、政治家、外交家等，他们大都有极强的当众表达能力，也大都是演说的高手。他们运用超强的表达能力，不同程度地改变着世界，改变着国家、企业、个人的命运，影响非常深远。

当众表达能力是一个人的硬实力，是提升人格魅力和影响力的重要技能。

表达能力能影响他人的认知，如果一个人没有最基本的当众表达能力，没有独特的人格魅力，总是不开口不表达，怎么能让人印象深刻呢？没有好的表达能力，就很难有说服力，没有说服力怎么能有影响力呢？

因此，想要在公众场合创造影响力，让人在短时间内记住你、认同你，并追随你，你就要通过当众表达亮出自己的价值，在合适的时机恰当地展现自己，适时地传递理想、信念、情感，才有机会被吸引、被关注，打造独特的风格，获得最大的认同。

（三）当众表达是人们职场必备的技能

在职场中，具有什么样的语言能力，决定着能带出什么样的团队，当众表达能力是管理者管理工作、奠定权威、统一价值观、传递信息、洽谈客户、凝聚团队的必备技能。

> 针对"当众表达"问题，有人曾调研了一些中高层管理者，其中87%的人认为具备有条理、有逻辑性、有节奏感的当众表达能力，更容易受到下属的拥戴；98%的人认为有良好当众表达能力的下属，更容易获得升迁机会，因为良好的当众表达能力体现了人的影响力、逻辑性和自信度。

当众表达能力是职场领导力的核心技能之一。如果一个人的业务能力出色，但是当众表达能力不行，基本可以判定他不能胜任管理工作。因为管理者需要极强的表达能力，对内要激励员工、组织开会、布置工作、协调管理；对外要接受采访、发布新闻等。不会表达的管理者很难胜任角色。

当众表达是每个人展示自己最直接的手段，是能够让别人短时间内快速了解自己的一种能力。比如工作汇报是职场表达不可缺少的场景，有些人做汇报时反复说老套的三两句话，而有些人一开口就会备受瞩目。

如果一个人不会表达，即使再满腹经纶，也很难让别人看到；如果一个人工作汇报时语无伦次，即使业绩靠前，也可能会错失晋升的机会。在职场中，你的语言表达能力有80%的概率会决定职业发展和晋升。如果你的表达配不上努力，只会做，不会说，或者说不好，都会让你的付出大打折扣。

很多时候，或许一个人不够优秀，只是缺乏优秀的表达能力。所以有人说，判断一个人是否有领导力、是否具有成功潜力，最快的方法之一就是让他当众说几句话。

在职场上，擅长当众表达的人，在汇报工作、对接项目、沟通事情时，能节约时间成本，减少不必要的内耗。

当众表达是成功的加速器。在职场上，擅长当众表达的人，比普通人更容易获得机会，更容易吸引他人、影响他人、获得认可，也更容易获得成功，甚至改变人生命运。

20多年前笔者教过一届中职学生，他们所在的班级是学校唯一面向县城和农村招生的特招班，班里42名学生，有35人是第一次走出大山，第一次见到火车，第一次独自离家出来读书，第一次见世面。他们共同的特点是自卑、胆小、不敢表现自己。当时学校的各项竞赛活动特别多，像主题班会、升旗演讲、专业技能大赛、普通话比赛、讲故事比赛、"校园之声"歌唱比赛等。

作为班主任兼任课教师，为了让学生在各项活动中不落后，每一次活动笔者都积极动员，鼓励学生奋勇争先。

参与这些活动都需要当众表达能力，从学生入校起，在语文课堂上和早晚自习时间，笔者经常指导学生练习当众讲话，从写稿、背稿到练讲，从语音、语调到肢体动作，耐心地对他们进行当众表达训练指导。从高一到高三，学生的当众表达能力有了飞跃式的进步，在高考前的专业技能面试中，有11名学生凭借表达方面的超常表现，获得免试和加分，有26人如愿考入高职院校。

这届学生毕业以后，有10多人受益于当年在语文表达训练课上练就的基本功，在各自工作中把握关键机会，脱颖而出。

至今一直和笔者保持联系的小宋同学，大学毕业后，被分配到企业做人事专员工作，她性格有点儿内向，平时话少，但在工作中埋头苦干、任劳任怨。与她同时期分配来的还有两名新人，这两名新人话多一些，在公司的很多活动中表现积极，得到了领导和同事的赞赏，小宋逐渐觉得自己与他们相比处于弱势。

参加工作的第二年，公司通知全市系统内要举办演讲比赛，小宋想到自己读书时期表达训练的基本功不错，当时为了考普通话证书还专门训练过，而且自己的表达优势从没在公司展示过，是时候要表现一下了，于是报名参赛。领导对她报名还持有疑惑，因为平时她太普通了。后来，小宋和另外两人一起参加了比赛。

小宋全力以赴地准备讲稿、反复练讲、不断修改调整……

果然功夫没有白费，小宋在初赛和决赛中都获得了一等奖，她的表现受到集团领导的赞扬，最后还代表集团参加了全市比赛，并获得了二等奖。

靠着这次演讲的机会，小宋在青年职工中脱颖而出，被领导和同事关注。第二年，她被借调到上级机关工作。后来，她正式被上级机关留用，现在担任工会副主席职务。因工作业绩突出，小宋先后多次在集团公司做先进事迹的报告。

小宋的成功得益于她从高中阶段夯实的表达能力基本功，一场演讲比赛使小宋的人生成功逆袭。

每个职场人，都可以通过出众的表达能力，获得更多的机会。

杨利伟，中国进入太空的第一人，他的名字妇孺皆知。

当初，中国神舟五号飞船首飞的候选人有三个，他们各方面都很优秀，难分伯仲。可以说其中任何一个人上去，都可以完成任务。但为什么选了杨利伟呢？

首先杨利伟的训练成绩始终是名列前茅的，其次考虑到我国第一位踏入太空的航天员必然会受到全世界的瞩目，要接受各大媒体的采访、出席各种活动、进行巡回演讲等，所以在口才方面有明显优势的杨利伟最终入选。并且他心理素质过硬，具有很强的当众表达能力，说话有条理、有分寸，在不同的场合应对自如……

一时间，杨利伟的名字传遍了中国，传到了世界各地。出众的表达助力杨利伟脱颖而出，让他的人生也因此变得格外精彩。

工作中面对机会，表达能力出众，会有更高的胜出机会。

也许我们不能成为杨利伟那样的航天员，不会遇到那样脱颖而出的机会。

但在日常生活中，我们也可以凭借出众的表达能力，享有更多的机会，进而让自己的人生更成功。

（四）当众表达提升人的综合素养

1. 当众表达提升自信心

卡耐基说："当众讲话是培养一个人自信和勇气的最佳方式。"自信是事业成功的根本，自信让生活幸福、让人受到鼓舞，自信能调动人的主观能动性。一个人的成长离不开自我展现，离不开强大的自信，而真正的自信来自他人认可。如果能通过一次次当众表达，面对一群人展示自己并得到成功，一个人的自信心必然会提升，其当众表达能力越被认可就越自信。

优秀的当众表达能力是让人实现突破的一种能力。当一个人具备这种优势，当他充满自信和影响力的时候，人生会更加顺利。

2. 当众表达提升学习力、思考力和创造力

当众表达是一个人向外输出思想、观点、感悟的过程。一个人要有一定的知识储备，才会有更高效的表达。可见，当众表达能促进人们对知识的学习，能促进人们对问题的深入思考和研究。

罗振宇说过："如果你实在找不到一个领域去跨界，那么就去学演讲。因为，当代社会，最重要的能力就是表达能力。"

罗振宇在《罗辑思维》节目上讲述的内容十分广泛，话题涉及经济、历史、哲学、心理学、政治、媒体、创业等，不一而足。他本身是中国传媒大学传播学博士，在中央电视台做过数年的制片人，虽然没有经济学和历史学背景，但却可以通过口述的方式，吸引大批人的簇拥，靠的就是超强的学习力、思考力和创造性的"转述能力"。

在刚筹划《罗辑思维》节目时，有些内容对于罗振宇来说也是全新的，但是在节目准备、亲身转述的过程中，这些知识自然而然地内化为他的储备。他能把自己的所学，用与众不同的角度阐述出来，有卓越的表达能力、理解能力、思考能力和组织能力。

每一次当众讲话的准备过程，都是对所讲内容深入思考研究的过程。当众讲话有助于活跃思维、丰富想象力、提高人的创造力。

3. 当众讲话提升语言的表达力、逻辑力和组织力

有的人当众讲话讲得很随意，像日常谈话。其实日常谈话和当众表达是有区别的，它们的差异就像"休闲装"和"正装"。"休闲装"怎么舒服就怎么穿，日常谈话的话题可以轻松随意，不用特别思考，用日常生活的语言方式来交流，只要对方理解你说的意思就行；可以没有逻辑性，不要求有很强的条理与规范。而上升到当众表达的"正装"层面，如何讲就要根据场合、表达目的来确定，不能随意松散地讲话。而且一般要花大力气用心准备，除非其有强大的即兴表达能力。

同时，讲话的逻辑性、条理性和内容结构的要求提高了；如果上升到演讲的层级，对表达的整体结构与语言逻辑性要求就更高。在演讲的结构上，如何开场吸引观众、如何表达主题、如何引出核心观点、如何讲清要点、如何安排讲述顺序、如何做总结等，都要有细致的考虑。

可见，日常谈话、当众讲话、公众演讲之间各有侧重，而当众讲话、公众演讲是训练语言组织能力、提高表达逻辑性的有力工具。

在全球化时代背景下，各种文化观念竞相交融，拥有基本的当众表达能力，能快速、清晰、凝练地表达自己的观点，甚至说服来自不同文化背景的人，是一个人立足未来社会的一项重要能力。

二、中国学生亟待提高当众表达能力

> 中国教育部前新闻发言人王旭明曾说：表达力是中国孩子最需要的能力。
>
> 尼克松曾说：如果重进大学，会首先学好演讲和说服这两门课。

哥伦比亚大学林晓东教授曾经采访了美国35位顶尖大学的教授，请他们对中国学生做出评价。在这些教授对所有中国学生的评价中，有一句是相同的：中国学生普遍不善于当众表达、非常害羞和内向。由此，林晓东教授提出：中国孩子最应该提升的，是公开展示自己独立观点的能力。

来看一份调查：

中国少年儿童新闻出版总社《知心姐姐》杂志，联合中国新闻文化促进会语言文化传播专业委员会开展了"中小学生口语表达能力调查"。调查覆盖全国32个省（自治区、直辖市），反映出当前中小学生在口语表达能力方面存在的突出问题。"不敢开口、开口表达不当"，是我国相当一部分中小学生口语表达能力的现状。

在抽调的32个省（自治区、直辖市）中，认为自己口语表达能力优秀的孩子的比例仅为18.24%，4.63%的孩子认为口语表达能力"很差"，其他绝大多数孩子认为"良"或"一般"。同时，80.71%的家长认为口语表达能力对孩子的成长"非常重要"。家长认为，影响孩子口语表达的因素中，"词汇量少，语言贫乏"占比49.26%；其后依次为"表达意思的条理和逻辑性不够，说不到点子上""语音、语调、体态语等表达的艺术性不够""情商不高,对说话对象和说话情境缺乏认识和理解""思维慢,反应不过来""倾听能力弱,抓不住对方表达的要点"等。

调查中,关于孩子在口语表达能力上存在的不足,53.69%的家长认为孩子不会在不同场合说得体的话;46.91%的家长认为孩子胆子小,不敢说;46.51%的家长认为孩子表达没有逻辑性,说不清楚;30.54%的家长认为孩子性格内向,不爱说;22.75%的家长认为孩子没有话说,经常词穷。

调查结果还显示,当今的孩子对口语表达能力的作用有很高的认知。87.33%的孩子认为口语表达能力强的人"可以交到更多的朋友,更受人欢迎",78.66%的孩子认为"会得到更多的发展机会",76.09%的孩子认为"会更自信"。

在调查中我们看到,中国的中小学生在面对当众发言的状况时,有很大一部分表现为惶恐和不知所措。他们在口语表达中"词汇量少,语言贫乏""表达意思的条理和逻辑性不够""不敢开口、开口表达不当"……,这是我国相当一部分中小学生口语表达能力的现状。可见,当众表达能力已经是中小学生素质培养中的短板。

再看中国高校学生的当众表达情况:很多学生意识到当众表达能力的重要性,对提升个人沟通与表达能力的意愿很强烈,但学习的渠道相对狭窄。一部分学生选择"观看电视节目""参加培训班""参加网课学习""浏览手机短视频"等学习渠道,但这些渠道还不够专业和系统;还有一部分学生选择选修校内的表达训练相关课程。但高校开设的相关课程大多数偏向理论讲授,缺乏真实场景的模拟与训练。

综上,虽然很多家长和学生已经认识到:当今社会当众表达能力非常重要。但对于怎样让学生学会表达自己、勇于开口说话等问题,一些学校没有引起足够的重视,更缺乏这方面系统有效的训练。

(一)中国学生缺少当众表达培养的机会

1. 在家庭,学前孩子缺少口语表达的锻炼机会

每个人一出生,主要生活在一个母语的家庭环境中,口语学习的敏感期一

般是在2—4岁。如果在这个关键时期，父母陪伴孩子的时间少，和孩子说话少，孩子童年玩伴少……在没有良好的母语学习环境中长大，孩子的口语表达能力发展很难。

有些孩子并不缺少父母的陪伴，但是由于大人不擅长表达，很少和孩子说话，孩子也经常处于沉默状态。这种缺乏口语练习的环境也会导致孩子口语发展相对滞后。

还有很多家庭，父母重视孩子的成长，但包办孩子的一切，孩子没有经历困难和思考，导致锻炼说话的机会变少。

学前孩子的当众表达能力锻炼还与阅读习惯有关系。俗话说："巧妇难为无米之炊"，一个没有丰厚阅读基础的孩子，当他需要说话时，他的遣词造句就会显得苍白、空洞，讲话也没有营养。父母的阅读习惯会潜移默化地影响孩子，如果父母都是不愿意读书的人，很难引领孩子喜欢上阅读，更别说通过阅读提升孩子的当众表达能力。

2. 在学校，缺少对学生口语表达能力的培养

《义务教育语文课程标准》（2022年版）中明确指出，"口语交际是九年义务教育语文课程的重要内容""口语交际能力是现代公民的必备能力"。目前，多数学校已经规定了语文教学中口语交际训练的课时。

虽然学校开设了与口语表达训练相关的课程，但因为语文口语表达没有纳入考试内容，中考和高考都不考口语，导致在实际教学过程中，"重写轻说"的现象比较普遍，语文教学侧重读写能力，忽视听说能力。

"说话课"始终只是语文教学的附属和点缀，学生无法得到专业化、系统化的口语表达训练。事实上，口语表达能力是语文能力的前导，口语表达的听、说训练是读写文字的基础，在进入大量读写阶段之前，应先奠定听、说的能力。中小学语文教学中，没有重视学生口语表达能力的培养。

在学校，语文课外的各种实践活动也非常少，学生缺少在实践情境中表达的机会。

3. 当众表达比赛形式刻板、参与机会少

中国学生的当众表达能力训练大多是从小学时期参加演讲、朗诵或讲故事比赛开始的,并且不是所有的学生都能有机会参赛,只有极少数的学生能得到老师细致的指导和训练。这些比赛主题较单一,内容较单调,评价标准刻板。

笔者的一名学生曾说,他在念初中时参加了"全市中学生读书成就梦想"演讲大赛,"当时我写完演讲稿拿给我的指导老师看,按照比赛的要求,老师觉得我的演讲稿写得不够好,没有吸引力。老师先指导我反复修改,我修改后的稿子仍不理想,老师就帮助我修改稿子,改到最后,稿子一多半的内容都是老师写的。由于稿子不完全是我写的,有的语言不太合乎我说话的习惯。在参加比赛中,我主要是在背稿,讲得有些刻板……"

这名学生的演讲经历很典型,他是为了参赛而当众表达,更多的学生没有这样登台的机会。

当然,随着人们对当众表达能力重要性的认识,近几年来,我国的各类学校开始逐渐重视对学生当众表达能力的培养,也开始在学校的学习生活中,创设更为宽松的师生互动环境,让学生积极表达自己对生活、理想、顺境、逆境等的独到思考;并为学生创造更多的展示当众表达能力的机会,如开展各类语文综合实践活动,创办讲故事、普通话、演讲训练等第二课堂兴趣小组,举行各种表达类的比赛活动,等等。让学生学会用生活化的通俗语言,进行更灵活有效的表达和交流。

4. 较多地使用网络表达,让中国学生真实表达的机会变少

随着互联网时代的发展,现在的学生表达的途径多样化了。他们在网上沟通,会借助很多网络表达符号表达内容,如表情包"开心——哈哈哈""难过——呜呜呜""震惊——我的妈呀"……他们会转发网络流行语、各式图片、小视频、小程序等,来快捷替代他们要表达的情绪和内容。这种表达似乎很奏效,却导致现实生活中,学生当众表达的机会变得更少,其中有的人沉溺于网络世界,不愿意与人交往,甚至出现了社交恐惧障碍。

（二）中国学生提高当众表达能力的好处

1. 善于表达的学生综合素质高，更有前途

当今社会看重人的综合能力、综合素质，学生学习口语表达，不仅学会了说话，更提升了综合能力和素质，会获得社会更多的青睐，前途也会更加宽广。

2. 善于表达的孩子更容易融入环境

口才是说话的才能，它不仅在成人世界的竞争中起到重要作用，也是在孩子的小世界里崭露头角的武器：课堂上积极发言，会得到老师更多的关注；邻里间主动的问候，会得到邻居的夸奖；游戏时出谋划策，会成为伙伴们追捧的"小司令"；演讲、主持或朗诵比赛中的优秀表现，会让更多的孩子崇拜……就算孩子没有像演讲家那样的口才，就算未来孩子不做培训师、演讲家、主持人，但人与人之间的交往却是必须的，口语表达也是孩子生存必须具备的能力。

敢说的孩子，会得到更多的机会；乐说的孩子，能得到更多的关注；巧说的孩子，总得到更多的赞美！在这个时代，表达能力已然成为衡量一个人素质的标准之一。好的表达能力能改变孩子的一生；未来，在同等智力、学历、家庭背景下，社会更愿意接纳会说话的人。

想想看，一个人如果在求职时，说话磕磕巴巴，会顺利地被公司录用吗？人际交往中，人们会愿意跟沉默不语的人做朋友吗？

生活离不开"说"，说得好才可能有好未来。

3. 善于表达的孩子，知识掌握更牢固

有一名小学班主任的教学方式很特别，他常让学生用讲故事的方式，学成语、学历史、学各门知识，并让学生根据自己的理解，把学到的内容讲给同学听，同学能听明白才算过关。

这名班主任说：只要你会讲了，就说明你学懂了。

这名老师可谓用心良苦。有一本叫《金字塔原理》的书中讲述了不同的学

习方式对知识的掌握率是不同的。其中，通过阅读，学习内容可以保留10%；通过听讲等方式，学习内容可以保留20%；而通过教别人或马上应用，则可以记住90%的学习内容。这名老师让学生把知识讲出来，综合了理解和运用，可以让学生更牢固地掌握知识，这个过程不只是简单的复述，更是训练了学生学习、组织、运用语言的能力。

4. 善于表达的孩子更自信

一个女孩刚上幼儿园时，性格极腼腆，不爱说话，不知道怎么结交朋友。自由游戏时，她不敢主动结组，不会主动加入游戏，课间常常独自待在一旁看小朋友做游戏。那段时间，她的妈妈很焦虑，咨询了一位心理师，心理师给建议说：培养孩子的表达能力吧！敢于当众说话、会沟通，会让孩子变得更自信。

当孩子敢于上台表达并收获掌声时，他们的自信心也会随之增加。当他们的想法得到别人认可时，他们就更敢于在众人面前发出自己的声音。

5. 善于表达的孩子能锻炼思维逻辑能力

表达需要孩子对话题、事件有自己独特的看法和理解，需要孩子发散自己的思维，去寻找事件背后的各种因果关系，然后形成更为系统的认识和理解。

成都男孩黄瑞杰，成绩在班级倒数，却被哈佛大学、斯坦福大学抢着录取。为什么一个成绩平平的孩子，却能够受到这些高校的青睐？

原来黄瑞杰从小爱好广泛，读高一的时候，他和同学组了一个社团，利用周末到附近的SOS儿童村去看望儿童，教他们学习、做游戏。黄瑞杰还特别关注社会时事，他会在课余时间花大量的时间去搜索相应的资料，也常常上台发表演讲。他曾经在四川大学举行的TED青年非正式演讲中，侃侃而谈，对中学生应该如何开展社团活动、如何关注时事等话题，有他独特的想法、广阔的思维，以及思考问题的深度。

清楚了中国学生普遍不善于当众表达的原因和提高当众表达能力的好处，接下来谈谈如何提高当众表达能力。

（三）中国学生如何提高当众表达能力

1. 从幼儿时期开始培养孩子的说话能力

我们要在孩子幼儿时期，开始有意识地培养孩子的语言表达能力。因为幼儿期是人一生中掌握语言最迅速的时期，也是最关键的时期。幼儿只有具备了一定的语言素质，能够正确地运用语言，才谈得上今后的全面发展。

幼儿语言表达能力的培养，从幼儿咿呀学语着手，家长要给孩子创造多听、多说、多看、多摸、多练的机会。学校和家庭要密切配合，正确地引导和挖掘幼儿的语言表达能力，创设宽松自由的环境，让幼儿敢于说出自己的想法。可以反复多次地让幼儿尝试练说，也可以在日常生活中多次地积累经验和反复练习，使幼儿的语言表达能力在成长过程中得到充分的锻炼和发展。

2. 口语表达能力培养是一个系统工程

学生口语表达能力的培养要贯穿在我国各个阶段的教育教学中。

目前，我国大部分学校在语文教学中已经安排了一些语文实践活动，如自我介绍、讲故事、背古诗、朗诵等提升口语表达能力的活动，但是实际上，更具有实际应用价值的口语表达，也就是在特定情境中的表达，并没有得到应有的重视。

学生能够根据不同情境、不同对象和目的，学会自如地采用不同的口语表达，才是口语表达的核心和根本。

当然，口语表达能力的培养并非一蹴而就，学生不仅要敢于"开口说话"，更重要的是懂得"如何说""对谁说"。口语表达能力的培养不能只局限于课堂，课外知识积累、技巧掌握、不同环境操练等，都是培养口语表达能力的重要内容。所以要将口语表达与中小学生的现实生活结合起来，把语言活动设计与他们交际相关的各种语境相联系，着力解决中小学生口语表达的三大核心：一是说什么，口语表达要有内容、有情感、有逻辑、有艺术；二是对谁说，口语表达要看对象、有情境、讲目的、重效果；三是怎么说，运用科学艺术的方法表达，提升语言传播效果。

有专家认为，提升中小学生口语表达能力的途径主要包括阅读、与人沟通、参加校内外活动与课程培训等，是一个系统工程。学生当众表达能力的提高，不仅需要学校内的课程，还需要学校把对学生沟通表达能力的培养贯穿在不同的课程中，老师可以在教学环节融入一些口语表达的理念，让学生在课堂上多进行当众表达的练习，并创新设计与中小学生学习生活相关的体验场景，帮助学生在真实的语境中学习口语表达。更重要的是需要教师、家长、社会鼓励学生：建立一种和世界积极互动、勇敢表达的心态。

在万物互联互通的今天，没有人活在孤岛里，每个人都是社会这张信息网里的一个节点，只有通过和其他节点进行联系、沟通、互动、合作，才能接触到更多的信息，拼出更加真实、多元的世界面貌。

语言表达是沟通的桥梁，希望全社会一起努力，在广阔、复杂、有趣的社会课堂里，让中国的学生真正体会到沟通表达的真谛和乐趣。

三、当众表达能力是可以培养的
——好口才靠后天训练

> 如果一个人掌握了大量的说话技巧和方法，他就真正掌握了打动人心的利器。
>
> 口才训练需要多听、多读、多写、多记、多问、多思、多说、多练。

有一部电影叫《国王的演讲》，讲述的是一个口吃国王成功获得好口才的故事。

电影一开场就安排了主人公伯蒂的一场演讲：

当众表达能力训练

在无比豪华的直播间，听者众多，身份尊贵的伯蒂却脸色苍白，浑身发抖，他瑟缩着，恐惧地环顾着周围，好像接下来不是要他演讲，倒是像上刑场一般。

他站在话筒前，结结巴巴地说："……我……有事宣布……，……我承诺……"

20秒都吐不出一个词，听他讲话真是要把人急死！

他搞砸了一场最常规、最普通的演讲。

人山人海的听众先是窃窃私语，然后是聒噪沸腾，显然，他们对伯蒂简直失望极了。

伯蒂开始逃避，甚至向医生发脾气。

几年后，德国政府进攻波兰，英法被迫向德国宣战。

乔治六世在播音室里向国民发表演讲：

"我们被迫卷入冲突，我们必须保护自己、保护国家，如果你愿意，请拿出你的力量，我们必须坚强起来，抵抗敌人！……"

全国上下，不分男女老少、贫穷富贵，都在倾听国王演讲，个个热血沸腾，决心以死抵抗。

这个颇具口才的乔治六世不是别人，就是开场那个搞砸演讲、患有严重口吃的伯蒂。从严重口吃到颇具口才，他是经过种种训练才走出来的。在敌军进犯的紧要关头，他面临的已经不是演讲的问题，而是要么生存，要么毁灭。

人的当众表达能力不是生来就有的，而是通过后天训练获得的。口吃国王在现实的逼迫下，背水一战，凭借强大的意志力，拥有了好口才。

这部影片给我们的启示：

第一，当众表达能力不是生来就有的，完全可以通过后天的训练获得。

第二，当众表达训练其实主要是练心，如果你处于无心状态时，不会有收获。只有当你被现实逼迫到死角时，才能进入状态，练好口才。

所以，当众表达能力并不是与生俱来的，那些在讲台上滔滔不绝的名人大家，也都曾经历过紧张、焦虑、恐惧等糟糕的状态。但是，这些状态并没有阻止他们成为出色的演讲家。

古罗马雄辩家西塞罗在最初演讲时，曾感到自己"脸色苍白，四肢和整个心脏都在颤抖"。

马克·吐温第一次站在台上演讲时，觉得自己"嘴里好像塞满了棉花"。

德摩斯梯尼，古希腊著名的雄辩政治演说家。他天生口吃，嗓音微弱低沉，说话时还耸肩，没有丝毫的演说天赋。

为了练习演说，德摩斯梯尼付出了超常人的努力，他曾把小石子含在嘴里练习朗读，曾在狂风和波涛中练习讲话；他边在陡峭的山路攀登，边不停吟诗，来改善说话气短的毛病；他有时在头顶上悬挂一柄剑，有时挂一把铁叉，以纠正说话耸肩的坏习惯。他努力学习各种知识，向当时的大演说家学习，经过十多年的用心演练，他终于做到了上台演说从容自信，并打动了千万听众，成为当时名震四方的雄辩家。

这样的例子不胜枚举，可见当众表达能力是可以训练的。当众表达是一项技能，是一项人人都可以通过后天训练获得的技能。

（一）如何培养当众表达能力：正确方法+刻意练习

1. 正确方法

有人说："我在家里对着镜子，天天练习说话，是不是就能练成好口才了？"

是，只要练，你的口才会有一定的提升，但这不是最好的办法。如果你上课的时候多举手答疑，开会时主动发言，多参与口语表达类的实践活动，效果比自己在家练更好。

训练表达能力就像练习游泳一样，学习游泳最好的方法，就是跳进水里练习。即使你懂得很多游泳的理论知识，但如果你不下水练习，就如同在渴望和期待之中的旱鸭子，只能纸上谈兵。如果你期待自己能自如地在公众面前发表讲话，能出口成章、受人欢迎，正确的方法是：必须鼓足勇气，树立信心，勤学苦练，在实际生活中多抓住机会反复实践。

2. 刻意练习

口才是可以训练的，人们可以通过高强度的训练，让自己的大脑、身体结构发生变化，从而产生像天赋一般的奇迹能力。所以，《国王的演讲》中罗格医生一开始就让伯蒂锻炼身体的各个方面。

也许你会说自己已经很努力了，用了好多方法，也非常刻苦，但是为什么没有成功呢？这是因为你进行的是无效的训练。训练方式分为有效训练和无效训练，大部分人总是没有目的、没有方向地练习，常常陷入无效训练当中。

美国心理学教授安德斯·艾利克森有一部经典著作叫《刻意练习》，作者在书中通过大量案例研究论述了如何在一个领域里，通过刻意练习让一个泛泛之辈蜕变成为高手！

所谓刻意练习就是一种有目的的练习。刻意练习的方法也特别适合用来提升当众表达能力。刻意练习有四个步骤：目标、专注、反馈、跳出舒适区。在当众表达训练中，运用有目的刻意练习，那种让人专注的、及时获得反馈的、不断确定目标而且跳出舒适区的训练，能够让人们快速地进步。

（1）有目的训练。

要确定阶段性提升的目标，比如：

第一阶段，突破当众讲话的紧张和恐惧感，并进行比较专业的基本功训练。此阶段需要大量张口表达和突破，要精准设立每天可执行的目标，每天都有具体的小目标，用不断改进的方法训练。

比如，每天练习讲述一个1分钟的小故事，一段时间后，增加到讲一个2分钟的小故事，从自己一个人练讲到当众讲，不断设立新的可达到的学习目标。这样明确又可执行的目标长年累月就完成了一个大的目标。积小胜为大胜，积跬步以至千里。

第二阶段，突破当众讲话的表达逻辑，学习结构化表达。

表达能力，说到底，就是一个人的思维能力。言由心生，心里想什么，嘴里才会说什么。没建立起思维，语言就表达不出来。表达还要以内容为主，有价值的永远是内容，并且人们想听的是传达的内容。好的讲话可以在1分钟内征服观众，失败的表达就是讲再长时间也是"雁过无声"。所以要做有效表达，要逻辑清晰，没有废话。当众表达要建立思维架构，培养思维习惯，并刻意练习。

关于当众表达思维训练的内容，在本书第三章中有具体的表述。

第三阶段，突破讲话的素材和质量，需要提升内涵和丰富思维，需要大量读书和思考转化。很多时候人们害怕当众表达，并不是因为没有胆量，而是因为无话可说。这种担忧其实来自演讲内容的匮乏。所以，这一阶段可以与其他阶段同步进行，需要长期积累。

每个阶段花多少时间去训练，要确定目标完成的时间限制，如果没有时间限制，这个目标就会成为一句口号，很难实现。在这个过程中，每一步都有顺序，每一步都必不可少。这样，循序渐进地帮助人们训练和培养思维习惯。

每个小目标还可以再进行拆分、量化，就像吃蛋糕一样，先切成许多小块，再一口一口吃掉，每块小蛋糕都吃完了，大蛋糕也就吃完了。

（2）具有专注的练习状态。

专注就是指同一时间、同一地点只做一件事情。如果在练习表达的时候，还在想着工作或学习上待处理的事情，还在考虑家庭里的、生活中的琐碎事情，这种无专注状态、心不在焉的训练的意义不大。

《国王的演讲》中国王被现实逼迫，背水一战。我们每次练习表达之前，也可以设想一下：如果没有口才，你将会遭遇怎样的困境；而有了口才，你将会获得怎样的美好生活？这样会鼓励你下定决心改变现状，将自己调整到备战状态，专注练习表达。

（3）及时反馈。

练习包含反馈。比如那些训练减肥的人，家里都要准备一个秤，每次训练完称一称，这是在反馈每天训练的效果。我们练习表达，最好有一个能够给自己布置作业和及时反馈的优秀导师。

《国王的演讲》中，在"导师"罗格医生的帮助下，伯蒂出色地完成了第二次世界大战前的全国广播演讲，这次演讲成功地凝聚了国民的力量，也让全国上下一致坚定了抵制法西斯的旗帜。

对于口才的训练，只是有目的地训练还不够，还要进一步运用刻意练习方式，找优秀的导师指导自己，并不断地揣摩别人的成功经验，坚持训练和改进，以获得最大的进步。

(4) 跳出舒适区。

假如一件事不费力就能做好，那这件事情对于一个人自身能力提升的帮助是很小的。只有在自己下意识能力之外，还要进行一个加劲的努力，这样的行为对一个人自身能力的提升才有积极的帮助。

如果一个人的大脑经常去思考一些略感吃力的事情，那么他的大脑就会比经常不思考的人的大脑转得灵活；如果一个人愿意去挑战一些以前不敢去做的事情且获得成功，那么他就会有更多的自信和勇气。

当众表达能力训练就是必须跳出舒适区进行的训练。平时不敢做或不会做的事，就要去挑战。

学好当众表达，实践很重要。学习者要有强大的内心，敢于突破自己的心理防线，到真实的场景中去实践。亲自下水，去找感觉。别指望看了一本书、理解了一个理论、掌握了一种技巧，就真的学会了。当众表达搭建的是一个思维架构，而表达内容需要真才实学的"内功"。

这个"内功"怎么练？

一个人曾经读过的书，生活的经历、经验、感受，最终都会变成他讲话能力的"内功"。爱读书、多积累是练习"内功"最好的方法。

当众表达拼的不是谁最聪明，而是谁愿意在台下花更多的时间、精力去刻意练习。只有每天坚持不断地思考，人们才会有思想认知上的进步；只有强烈要求自己拿起笔写点儿东西，人们才能越梳理越清晰、越总结越精练；当众表达也是一样，没有一蹴而就的高手，唯有不断地"刻意练习"。

每天坚持把思考、梳理、总结整理的好句子、好语段、好故事等，练习讲述和背诵。一定要背，背到什么程度呢？熟练，就是这些话可以不经过你的大脑，好像藏在你的舌头下面，一张嘴，这些句子就自动跳出来了，这才叫熟练。

当众表达能力靠后天训练获得，人人都可以，你也可以。

（二）一个人独自训练当众表达能力的策略

表达能力靠实战。要培养出当众讲话的自信和经验，必须到真实的人群面前锻炼，就像学游泳，必须下水练。但是限于各种条件，有时我们必须独自练习，虽然这种方法练不出当众讲话的经验，但是可以培养感觉，可以锻炼口齿和思维的灵活性。

可以尝试如下几种方法。

（1）绕口令练习。绕口令是锻炼伶牙俐齿的绝好方法。

　　八百标兵奔北坡，炮兵并排北边跑。
　　炮兵怕把标兵碰，标兵怕碰炮兵炮。

像这样经典的绕口令可以从网络上搜索到很多。

刚开始练绕口令，不要追求速度，而要保证每个字都说清楚，整体要连贯，到一定熟练程度后，可以追求说得又快又好。

（2）练习朗读。朗读可以培养讲话的情感和韵味，同时能兼顾练习发声，一举多得。朗读内容推荐诗歌和散文，比如朱自清的《春》、徐志摩的《再别康桥》、汪国真的诗歌等。

（3）多进行辩论。思辨能力很强，能够说服对方是人们想提升的口才能力。一个人可以针对某种观点从正反两方面思考并讲出来，比如《奇葩说》某一期中的辩题"键盘侠是不是真的侠"等；也可以从自己的工作和生活角度选一些话题，如"中学生应不应该带手机上学""选择公务员好，还是选择自主创业好"等，主要是锻炼思考能力和表达能力。

（4）即兴演讲。从书上随机挑选一句话或一个词，围绕它展开即兴演讲。

比如选择了一个词"快乐"，可以讲你认为什么是快乐、自己的快乐经历、怎样变得快乐等。再逐步进行难度升级，如随机选择三个词，发表即兴演讲，要求演讲中要用到这三个词，并且整个演讲能自圆其说。比如随机选择三个词"外星人、君子兰、载歌载舞"，简单构思后，讲出一段话。

根据自己的情况逐步增加难度，比如规定时间范围、增加词的数量，这种练习能提升人们的语言组织能力、发散思维能力。

（5）讲解一本书或一部影视剧。看完一本书或影视剧后，人们会有很多想法，试着讲出来，也是一种很好的输出，能帮助人们梳理思绪，锻炼口头表达。

（6）观看名人的演讲视频，找到对应的演讲稿，然后模仿名人（比如乔布斯、杨澜、白岩松等）的技巧讲出来。

总之，独自练习表达的方法还有很多，一个人可以设计自己喜欢的方法，

当众表达能力训练

有条件的一定要在真实场景中练习,抓住在真实人群中当众表达的机会。

四、当众表达能力提升训练一

(1)经典绕口令练习。

每天利用碎片化时间,练习绕口令,可以在互联网上搜索经典的普通话绕口令来练习,以训练舌头的灵活性。参考题目如下。

四和十

四和十,十和四,

十四和四十,四十和十四。

说好四和十,得靠舌头和牙齿,

谁说四十是"细席",

他的舌头没用力;

谁说十四是"适时",

他的舌头没伸直。

认真学,常练习,

十四、四十、四十四。

八百标兵

八百标兵奔北坡,炮兵并排北边跑。

炮兵怕把标兵碰,标兵怕碰炮兵炮。

八了百了标了兵了奔了北了坡,

炮了兵了并了排了北了边了跑。

炮了兵了怕了把了标了兵了碰,

标了兵了怕了碰了炮了兵了炮。

（2）先念下面的简单版绕口令热身，再念复杂版的绕口令。

简单版：

　　三哥三嫂子，借给我三斗三升酸枣子，秋天收了酸枣子，就还给三哥三嫂子三斗三升酸枣子。

复杂版：

　　六十六岁刘老六，修了六十六座走马楼，楼上摆了六十六瓶苏合油，门前栽了六十六棵垂杨柳，柳上拴了六十六只大马猴。忽然一阵狂风起，吹倒了六十六座走马楼，打翻了六十六瓶苏合油，压倒了六十六棵垂杨柳，吓跑了六十六只大马猴，气坏了六十六岁的刘老六。

练习技巧：说绕口令，是对舌头和口腔肌肉灵活度要求很高的发声活动。说好绕口令首先要熟读。先慢读，熟悉文字，再逐渐加快朗读速度，达到自己能把它念出来的最快的速度。

锻炼要求：第一，绕口令一定要念得快而清楚。找到念绕口令最快而清楚的速度，反复练习几十遍，最好能够背诵下来。第二，念绕口令时不能有任何中断、卡壳和重复的现象，一定要一气呵成。

（3）名篇朗读。

选一本书或选择普通话名篇进行朗读练习。

（4）给家人或朋友讲述你看过的一部影视作品或一个视频。

第二章
表达准备

你为什么恐惧当众讲话？如何建立当众表达的自信心？

面对当众表达任务的时候，你怎么做才能高效地准备？

如果你能调节好当众讲话的恐惧，有了更多当众表达的意愿，接下来除了要学习当众表达的各种方法、技巧外，更需要知识的积累，这是一个需要长期学习和储备的过程，最有效的方法之一就是多去阅读。

当众表达能力训练

一、建立当众表达的自信心
——克服紧张恐惧，敢说不难

> 大思想家、文学家爱默生说："恐惧较之世上任何事物更能击溃人类。"
>
> 戴尔·卡耐基说："一个人能站起来当众讲话，是迈向成功的关键一步。"
>
> 你无法凭空获得信心，信心来自挑战自我的过程……信心来自一系列胜利的积累，不管这些胜利是大是小。
>
> ——《高效演讲》

为什么上课回答问题的时候，你会紧张到声音发抖，无法控制？

为什么面试的时候，你超级紧张，最后无法表达出自己的优势？

讨论发言中，你紧张得心里特别难受，不敢开口，能躲就躲。

给领导汇报工作，你会语无伦次，备受冷遇。

上台演讲时，你常常面红耳赤，心跳加速，大脑空白，舌头打结，甚至手脚不知往哪儿放，目光不敢看听众；在台下，你能说会道，但一上台就磕磕巴巴，逻辑混乱，词不达意。

和朋友聚会，大家聊得很热闹，你想插话，但犹犹豫豫，最后没有发声。你选择了当听众，但又觉得没有存在感。

公司年会，有上台表演和参与互动的环节，这是一个亮相的机会，你很想上去说两句，但是你害怕、紧张，担心说不好，最后让机会溜走。

你是否有过上述经历？很多人当众讲话时，遇到的最大痛点就是紧张、恐惧。

美国心理学家曾做过一个有趣的问卷调查，调查了3000人，问题是："你最恐惧的是什么？"结果令人大跌眼镜，"死亡"原本如此让人恐惧的事情排在了第二，而"当众说话"却高居榜首。

在大学的演说课上，有人做过同样的调查，结果是有80%~90%的大学生对当众说话都很恐惧。可见，对于善于表达的人来说，一次当众讲话就是一次脱颖而出的重要机会；对于不善于表达的人来说，当众讲话可能是一次糟糕的回忆。

有人会认为，别人当众表达都不紧张、不恐惧，只有自己会这样。其实，在公众场合说话感到紧张和恐惧是很普遍的现象，尤其当人们面对陌生的人和场景时，会自动进入一种应激的紧张状态。

不仅是普通人，很多有名望的人也害怕当众讲话。

英国历史上有位叫狄斯瑞的首相说过，他宁愿领一队骑兵去冲锋陷阵，也不愿在下议院做一次演讲。

许多大演说家的第一次公众讲话也是不尽如人意的，甚至有人出现了窘境。

国际工人运动杰出的女活动家蔡特金，在第一次演讲时，虽然提前做过细致的准备，并多次演练，可一上台，要讲的话还是一下子全部从脑子里溜掉，大脑一片空白。

拉·甘地夫人初次登台时，吓得连一点儿声音也发不出来，讲了什么自己也不清楚，只听一个听众说："她不是在讲话，而在尖叫。"最后，她在一场哄堂大笑之中结束了讲话。

美国著名作家马克·吐温谈起自己首次公开演讲时说："那时仿佛嘴里塞满了棉花，脉搏快得像在进行百米冲刺。"

我国优秀的德育工作者李燕杰初次当众发言时说："怀里好像揣着一头小鹿，一颗心总是突突地跳个不停，脸上发热，嘴里不知该说什么，两手不知所措。"

当众说话时的紧张恐惧感，人人都会有。这种感觉有可能会伴随人的一生，不会完全摆脱。

中央电视台《开讲啦》某期节目刚开场时，刘德华因为紧张，在上台的时候脚下忽然不稳，跟跄了一下。于是，刘德华和主持人撒贝宁有了下面的对话：

刘德华："我看到很多不同的人上来，我很紧张，你知道吗？"

撒贝宁："是吗？"

刘德华："我不会讲话。进来的时候，我手指是麻的。待会儿要怎样呢，就好像所有人都是在评判这个人会怎样一样。"

撒贝宁："不会不会。我现在都不敢相信，这站在我面前的真的是刘德华吗？"

刘德华是一位舞台经验极其丰富的著名演员，当众说话都会紧张。

可见，对人们来说，当众说话紧张的情况可能永远都没法完全摆脱。与普通人当众说话的紧张、害怕相比，有经验的当众表达者的"紧张"丝毫不影响他们在台上的表现。刘德华上台前很紧张，但是他正式的演讲却赢得了观众无数次的热烈掌声。

（一）正确地看待紧张和恐惧

紧张是人们在应对外界刺激和困难时，产生的一种精神高度准备的情绪状态。人类的紧张情绪主要来自学习的压力（如考试）、参加重大活动的压力（如演唱）、当众表达的压力、人际交往的压力等。恐惧是当人们面临某种真实的或想象的危险，想逃避某种情境时，感觉到的一种强烈的无所适从的情绪，紧张和恐惧是人类正常的本能反应。

当人们紧张的时候，是不能保证把要做的事情做到最好的，或对面临的处境没有把握，紧张是在提醒人们去做更充分的准备。有了这种准备，便可产生强大的创造性力量，因此紧张并不全是坏事。当恐惧发生时，人们会表现为心跳加速、发热、头晕、惊叫；会神经高度紧张，内心充满恐惧，注意力无法集中，脑子里一片空白、无力、冒汗，思维不能正确判断；明明知道没必要那么害怕，就是不能自我控制，变得容易冲动；等等。

心理研究结果表明，适度的紧张恐惧情绪有好处，可以激励人们的行动。一方面，它可以使人们的思想高度集中，能够调动全身的能量，产生一种增力作用，从而使生活和学习更加顺利。比如人们在考试、竞赛、评比等压力大的条件下，心理就会处于紧张状态，这种紧张可以促进学习，提高工作效率。所以我们提倡人要有点儿"紧迫感"。另一方面，情绪适度的紧张，能更好地调动人类的智慧，加速思维的运行，能提高思维效能，使人创造性地解决问题，人们常说的"急中生智"就是这个道理。但是过度的情绪紧张恐惧是很不利的。过度的紧张会让人的记忆、思维、动作的准确性，都随着紧张恐惧强度的增加而降低，从而造成思路堵塞。持续的紧张状态会严重扰乱机体内部的平衡，影响人的身心健康，甚至导致疾病。

（二）当众表达紧张、恐惧的根源

为什么在当众讲话的时候，人们会感到紧张、慌乱，想要退缩？

1. 苛求完美

当众表达时，人们都希望自己能给人留下完美的印象，于是过度关注自己，总想表达得精彩，想得到听众的赞赏或让人刮目相看，因此对自己有较高的期望。对当众讲话的表现要求过高，人就容易紧张，还会夸大紧张的感受，从放大的角度来看自己在别人面前的表现，尤其是表现不足的地方。害怕当众表达时说错，说得不完美、不周全；害怕出丑、丢脸、没面子，这样会给自己造成严重的心理压力，导致更紧张，于是干脆躲避、拒绝、逃避当众说话。

2. 与失败经历有关

如果一个人过去曾经有过当众表达失败的经历（如当众讲话被嘲笑、遇到过尴尬等），或受到当时情境的恐怖刺激，就会在大脑中形成一个兴奋点，当人再遇到相似的处境时，就像条件反射一样，过去的经验就会被唤醒，进而产生恐惧感。

笔者的学生宋丹曾说，上初中的时候，老师每次都会按照座序叫同学读课文,每读错一个字就要坐下,班级里的同学经常读几句话就会读错。她平时总看书、读文章,轮到她读时,经常是能把整篇课文读下来,都不会出错,老师和同学总夸她读得好,那个时候她完全不紧张。

后来上了高中,语文老师第一次叫她读文言文,不知怎么,她特别紧张,有喘不上气的感觉,读几个字,就要停下来喘一会儿,越想读流利就越读得磕磕绊绊。她当时觉得很丢人,在心里留下了阴影,后来老师一让学生读课文,还没叫到她,她就紧张得不行,能听见心脏扑通扑通跳的声音,一读课文就喘不上气。她知道这大概是心理作用,可越担心,越注意,就越读不好。每次看到同学疑惑的眼神,她都感觉很丢人。现在她每次在公众面前讲话,就总是紧张、发抖,无法控制。

曾经读课文出现的一个小失误,却被念念不忘,以至于她在公众面前说话总是不受控制地紧张。其实,也许别人早忘了她曾经的尴尬,还是要把这件事放下,一笑而过就好了。

3. 能力和经验不足,让人紧张

人们在参与活动中,如果能经常锻炼,并摸索出一套经验技巧,那么,无论在什么场合,都可以使情绪保持平静。例如,经验丰富的外交家,无论形势多么复杂,他都保持平静的态度,用冷静的头脑和锐利的目光来观察形势,寻找合适的应变对策,让形势朝着有利于自己的方向发展。又如,经常上台演讲,时间久了,也会历练出上台演讲的技巧,就不会太紧张了。有的时候,人们所谓紧张、不自信等,就是能力还没有达标,经验不足。

4. 准备不充分

事先没有准备好讲话内容,对当众讲话心里没有底,不知道能不能说得好,觉得可能会出丑,本来就有点儿紧张,"没有准备好"会加剧紧张和恐惧。

5. 恐惧当众讲话与人的性格有关

一般来说,从小就害羞、胆量小、自卑的人,长大以后也可能不善交际。孤独、内向的人,因为他的内心不够强大,在公众讲话的场合能躲就躲。有的人对自己很不自信，参加的活动还没有开始，他就先有担心和恐惧，似乎失败就在等待着自己。这样，不但不能增强战胜困难的信心，反而让自己更紧张。

6. 听众因素

听众的地位、数量、熟悉程度、观点等因素，都与当众表达紧张有关系。当众表达时，如果面对的听众身份、地位、学识等不如自己，可能会多一些自信；如果面对的听众身份、地位、学识等比自己高，可能就会紧张，有压力。面对5000人讲话，所产生的紧张感大于面对100人讲话；在陌生人面前当众讲话，所产生的紧张感大于面对熟人讲话。如果一个人表达的价值观与听众一致，他会很有自信和成就感；如果不一致，甚至引起异议和反驳，就会让他内心不平静。

（三）克服紧张恐惧心理，建立当众表达的自信心

1. 放弃追求完美，不过度自我关注

"金无足赤，人无完人"，真正的完美并不存在。怎样才能有针对性地克服当众讲话中的紧张、恐惧心理，自如地当众表达呢？首先要打破追求完美的心理倾向，学会接纳自己。

每个人都会有完美主义的倾向，只是程度不同而已。过于追求完美，会让人们对当众讲话的结果有过高期待。越期待讲得好，越容易紧张；越没有把握，也越容易紧张。所以，对自己要有客观的评价，要能正确分析自己的优势和不足，了解自己实际的能力、精力、经验，从长远和整体考虑，既不能注重一时的得失，也不能过分在乎别人对自己的看法。

要降低期望值，增加把握性。可以设计适合自己的当众表达目标，这样会增加一些把握，紧张和害怕也会随之减弱。比如，可以把100%的成功期望先降低到70%，为敢于当众讲话而高兴，为取得成功而庆祝；尽力了，结果却不尽如人意的时候，也为自己曾经的付出而感到满足。

笔者好朋友的孩子张琳曾向我咨询：

他说自己上大学后，积极报名成了学生会的成员，学生会工作很多，但他勤快、踏实，工作做得挺出色，很快就被任命为所在系的生活部

当众表达能力训练

部长。

但他遇到了一个问题,就是每次学生会开会或在其他人多的场合,轮到自己发言时,他就非常紧张,一走上台,脑子里一片空白,语无伦次,本来在台下想好的话,一上台全忘了,当时的窘态呀,恨不得有个地缝儿钻进去。看到其他同学表达很顺畅、很自然,他非常地期待和羡慕。

有一次,在大一学生就要入校时,学校让他负责安排新生的相关工作,他心想一定要尽全力完成这份工作。可想到这份工作需要开会讲话,给同学布置工作,他就紧张得不行,怕自己出丑,怕说不好被同学认为是自己能力不够,被同学笑话。

张琳期望自己能像别的同学那样,自如流畅地在公开场合讲话。与同学比,这个期望有点儿高。笔者第一次发给他的邮件中是这样给他建议的:

张琳,听说你当学生会干部了,你真的很棒!当学生会干部,除了身体力行地为学校多做事情外,好多面对公众发言的场合,让你感到了前所未有的挑战。这是很正常的,每个人在成长中都会遇到挑战。

美国的一项权威调查结果表明:在人群中,95%的人当众说话会紧张,剩下5%的人是紧张得从来不敢当众讲话。

没有人天生特别会讲话,没有人天生表达能力就好。表达能力是一个需要自我训练的过程,那些你认为很会表达的同学或老师,只是他们训练得早些,他们一定有从不适应到适应的过程。你现在已经开始关注并想要提高自己的表达能力了,这就是好的开始。这里建议你:

(1)多练。每周拿出固定的时间,采取各种形式练习说话,比如大声朗读、练说绕口令、复述、演讲练习,等等。

(2)每次表达的效果都跟自己比,不跟别人比。自己今天比昨天讲得好,就是进步。

(3)多对自己做积极的心理暗示,比如每次发言之前,对自己说"我已经准备好了""我能说清楚""我可以说得很好,大家都非常喜欢我"等,给自己内心注入一种积极的心理能量,让自己更自信。

(4)不要对自己的发言要求太高,只要能正确表达自己,发言符合当时的场合和自己的身份就可以了……

张琳给笔者的部分回复：

我按照您说的办法，把我想说的事情写出来，练了好几天，每天都积极暗示自己"我一定能成功""我准备好了""不用紧张"。前天，我第一次给新生开会，可能是准备得充分吧，我的发言还真挺顺利，没有卡壳，别人都以为我不紧张呢，其实我内心还是很紧张。

再有，我平时很喜欢和别人说话，但必须是建立在互为熟人的前提下，碰到不熟的人，我就很少说话。我以后要怎么努力，才能像其他同学那样不打怵公开发言，自如地表达呢？

笔者给张琳的第二次回复：

张琳，看到了你的留言，我给出的建议如下。

心理暗示要用正向积极的词语。

每次发言前你可以跟自己说："我已经准备好了，我很放松，我很自信。"这样会给大脑注入积极的心理暗示。语言是有能量的，当你跟自己说"不用紧张"时，大脑记住的却是"紧张"这个词。人的大脑对所说词语的好坏是不能分辨的，"紧张"是负性的词，你越说"不用紧张"，其实传递到大脑中，大脑最能记住的却是"紧张"这个词。如果你说"我很放松"，"放松"是正性的、积极的词汇，大脑就会传递给你身体积极正性的能量，你得到的感觉就是放松的。所以，给自己心理暗示的时候，一定要用正性、积极的词语。

在人多的场合，讲话紧张是很正常的。我也经常遇到这样的情况。我小的时候很自卑，高中之前，我很少主动和人说话，任何事我都不出头，在人群中就像一个隐身人。上了大学以后，生活上一切事情都得靠自己，在各种锻炼中，我变得越来越自信了。

记得当老师后第一次讲课，我非常紧张，刚一上课，学生起立问老师好，我也给学生行礼和问好，之后，我转身就开始擦黑板，实际上黑板是干净的，我是以此来缓解紧张，我边擦黑板边自我介绍，并导入课题："这节课我们来学习张洁的《挖荠菜》……"板书完课题，我回过头一看，学生还在站着呢，我紧张得忘了让他们坐下。一节课下来，我讲课声音不够大，眼睛不太敢看学生，自我感觉讲得很不理想。

为了克服紧张，之后，我经常在没人的河边练习大声地讲课，还在高过人头的玉米地里讲，反正没有人听见，就不厌其烦地练讲。练到心里有了底，再上课的时候，就越来越镇定自如了。再后来，我工作出色，开始上公开课、演讲，开始在全体老师面前介绍工作经验，到市里发言，开始当班主任，当教研室主任，经常给学生做讲座，给家长朋友们做讲座……在无数次的公众面前讲话中，就是紧张了也会很快调整好，是所有的经历、训练让我的当众表达能力不断提升。

任何人都不是生来就自信满满、表达顺畅的。要有一个主动锻炼的过程，要不断成长！你现在的起点已经比我当年高多了，你比当年的我不知要强多少倍呢……

你说："自己很喜欢和别人说话，但是碰到不熟的人就很少说话了。"你对自己有清楚的认识，这很好。以后就要多找机会跟不熟悉的人说话，可以创设几个场景或几个问题，如向不认识的校友打听一件事，问一个电脑操作的问题，打听一个人，等等，哪怕只说几句话，只要多说，你会发现，和人交往没有什么可怕的，主动出击会让你越来越有胆量。

你第一次给新生开会就挺顺利，这是好的开始，每次讲话不要对自己期望太高，只要自己能顺利完成要说的内容就好。以后在公众讲话前，你也可以先做个冥想：想象你成功的状态，想象着自己的讲话是怎么进行的、是如何成功的，想象心情很好的样子，这种想象也是积极的心理暗示……

后来，张琳妈妈给笔者打电话，很开心地说："真怪呀，这孩子真出息了，现在上台讲话感觉好多了，有时不用特意准备稿子，能随机发挥了，也会紧张，但只是小紧张，不影响发言的。"笔者也很为张琳的进步开心。

2. 放弃追求完美，还要学会"厚脸皮"

当众讲话的紧张恐惧，还与考虑"自我"过多有关，怕"我"丢人，怕"我"出丑。这一方面，我们要尝试学会"厚脸皮"，对"自我关注"进行脱敏。过度"自我关注"是指特别在意自己在别人眼里的形象，特别害怕暴露自己的缺点，以为自己的一言一行都会被别人看在眼里、记在心里，放大了自己表现不足的方面，加剧了紧张和恐惧。

但其实，根本没有人那么在意你。心灵作家张德芬说过："亲爱的，外面没有别人，只有你自己。"所有外界的一切，其实都是自己心理的投射，每个人都只关注自己的表现，你的很多纠结、担心都是多余的，与其把注意力都放在别人对自己的看法上，不如把注意力多放在你想要说的话上。不要怕丢脸，大不了没讲好，最坏的结果就是被人笑话，丢脸之后才能有脸，我们今天出丑是为了明天的出众。

在生活中，我们可以尝试一些突破自己边界的小挑战，比如，你上街时，可以试穿一件颜色特别奇怪或者造型有些夸张的衣服（如大红大绿的色彩、奇特的款式），或者穿两只不一样款式的鞋子，或者戴一个与众不同的假发。上街前，你可能会感到害羞，担心街上的人都会有意看着你，可事实上，你会发现，能够注意到你有点儿奇怪的人不会超过20%。经过这样一次感受，你就会觉得"这好像也没什么呀"。

当众表达也是一样，我们可以从易到难，练习减少"自我关注"，从不敢说到敢说。只有正视紧张、恐惧，客观地看待自己，才能从过度的"自我关注"转移到关注讲话的内容上。

美国前总统罗斯福曾说："世上最让人恐惧的，就是恐惧本身。"

当众表达的紧张和恐惧心理出现时，我们要做的不是退缩，而是要正视，坦然面对。要激发自己的热情，通过努力，增加勇气，去面对，当真正敢于面对的时候，你会发现，紧张和恐惧也不过如此。不要担心自己在公众场合特别放不开，不敢当众讲话，其实就是自己的问题。

（四）勤学苦练，积累当众表达的成功经验

当众表达能力不是天生的，改善紧张和恐惧的最好方法就是勤学苦练。必要的当众表达基本功训练可以提升自信心。

"当众说话"本来就不是一件容易的事，且如果是没有准备，没有机会提前写好讲稿的当众讲话，对大多数人来说就更加困难了。所以我们要抓住一切能当众表达的机会来积累当众表达的成功经验。成功经验积累多了，紧张恐惧的问题就会得到很大疏解。

例如：在课堂上积极答疑，在讨论会上要争先发言；在非正式场合要寻找

当众表达能力训练

话题，既敢对熟人讲，也敢对陌生人讲；有机会要讲，没有机会创造机会去讲，并争取成功。

前面讲到笔者的学生宋丹，一读课文就紧张，喘不过气，紧张得不受控制。后来她积极参加当众表达训练，私底下也很下功夫练习表达，她经常站在外面面对大树讲、面对操场讲、面对大山讲。一个学期后，她竟然能站在学校操场的大讲台上，面对全校师生做旗下演讲，在更大的压力下表达自如了。

古今中外，那些口若悬河的演说家，那些能言善辩的雄辩家，无一不是靠刻苦训练而成就自我的。

美国前总统林肯为了练习口才，经常徒步去一个法院旁听律师的辩护词。看他们如何摆事实、说观点，看他们辩论时怎样做手势。他边听边做笔记，还趁机模仿。在回去的路上，他对着路边的大树、玉米田忘我地练习口才。

著名的演说家爱德华·威格恩在读中学的时候，就非常害怕当众说话，当时一想到要起立做5分钟的演说，他就莫名地惊悸。他曾说："活在这个世界上，我最不敢期望做到的，就是当个大众演说家。"但他在大学毕业一年后，经过努力，克服了恐惧。他曾自告奋勇就健全币制发表演说："开始时我窒息、结巴，眼看就要全军覆没了，不过听众和我都勉强撑了过来。"小小的成功使我勇气倍增，"我继续往下说了，自以为大约15分钟。使我惊奇的是，其实我已经说了一个半小时。"

爱德华·威格恩终于学习到：要克服公众讲话中那种震天动地的恐惧感，最确切的方法之一，就是要获取一次成功的经验。只要肯多下功夫练习，就会发现这种公众讲话恐惧的程度一点点减少，这时恐惧就是一种助力，而不是一种阻力。

与爱德华·威格恩一样努力的还有卡耐基：

卡耐基从小家境贫寒，因为营养不良，身体很瘦弱，衣服总是短一截儿，还带着补丁，经常被别人取笑。青春期的卡耐基，自卑、孤独，他非常渴望能在棒球场上一展身手，成为英雄人物，无奈他的运动细胞不发达，只能站在场边观战。后来他发现那些会演讲、善辩论的人也能吸引大家的目光，于是决定练习演讲。

　　卡耐基并没有演说的天分。他参加了12次演讲比赛，屡战屡败，甚至差点儿自杀。当他第13次参加演讲比赛时，终于拿到了学校的奖杯。这是他第一次成功尝试，这次获胜对他的影响非同小可。从此，他不再是站在街边鼓掌的小男孩儿，而是全校、全镇、全美国乃至全世界的风云人物。卡耐基成了演讲狂人，他通过演讲唤起了无数迷茫者的斗志，激励他们取得成功。

林肯、爱德华·威格恩和卡耐基都是通过自律地苦练，从而获取当众讲话成功的经验，让恐惧的程度一点点减少。接受挑战后他们都发现，刻苦训练不仅能拥有良好的当众表达基本功，更重要的是，当拥有了表达基本功后，他们对自己的表达能力有自信了。由于战胜了当众说话的恐惧，他们的人生开始脱胎换骨，进入了更丰富、更圆满的阶段。

　　股神巴菲特曾经也是站在众人面前不敢讲话，每次都紧张到要呕吐的地步。后来，巴菲特练就了很好的口才，在他办公室里唯一展示的证书，就是卡耐基口才训练班的证书。撒切尔夫人第一次发表演说时，心里紧张不安，十分害怕。但是当她第一次演说获得成功后，便信心百倍，并对演讲产生了浓厚兴趣。

任何比较完美的公众讲话都是从不完美开始的。没有人一下子能够达到侃侃而谈的完美状态，每个人都是经过不断的亲身体验，在做中学，最终积累了丰富的成功经验，并获得成功。

勤学苦练也能克服性格因素影响。

　　英国杰出的戏剧家萧伯纳，以幽默的演讲才能著称于世。可你知道吗？他20岁初到伦敦时，非常胆小，羞于见人。若有人请他去做客，他总是不敢直接去按门铃，而是先忐忑不安地在人家门前徘徊多时。有一次，他参加学术者学会的辩论会，在会上，他做了有生以来的第一次演讲，本来就非常紧张，他讲完时又受到别人的讥笑，这让他觉得自己完全像一个傻瓜，蒙受了莫大的耻辱。此后，他每星期都当众演说，人们无论是在市场、教堂、学校、公园、码头，还是在挤满三四千听众的大厅或只有寥寥几人的地下室，经常看到他慷慨陈词的身影。在12年中，他的演讲竟达1000多次。

正像萧伯纳的第一次演讲一样，害怕当众讲话是一种普遍心理，尤其对于性格内向、沉默寡言的人来说，他们听得多、说得少，更加不敢当众讲话。想练好口才，首先要练敢说的胆识，而胆识的确立，建立在良好的自信心上。人的潜能是巨大的，只要有练习表达的内驱力，每天抽出时间练习，成功就是简单的事情重复做，成功就是每天进步一点点。

（五）提前到场，熟悉听众和环境

若积累了一定的当众表达能力和经验，观众因素的影响就是可控的。当确定需要当众讲话时，最好提前到场，以熟悉将要当众表达的环境，和听众做些简单交流，了解他们从哪里来、从事什么职业、对本次讲话有什么期待等。这样不仅可以了解听众、熟悉听众，而且可以与听众建立初级联系。上台之后，当你再看到这些接触过的观众，看到他们有点儿熟悉的面容，你的紧张和胆怯心理会得到缓解。

（六）放松训练有利于缓解紧张恐惧的情绪

当你遇到当众讲话的任务，或者平时感到紧张恐惧、焦虑的时候，可以做一做如下训练，它们能有效缓解你的紧张，让你放松下来。

（1）腹式呼吸：当恐惧时，人们会压抑自己这种情绪，能量会在身体上卡住，腹式呼吸可以把卡住的能量打通。具体的做法是：把手放在腹部，缓缓地吸气时，腹部要鼓起来，一直感到腹部挺起，胸部也挺起来，然后吐出去。有的人呼一会儿气会感到身上有发麻的感觉，这是好的标志，发麻是你身体上的能量在苏醒。这个动作要做得从容舒适，像熟睡之态，它会有安定神经的作用。

（2）深呼吸：就是深吸气、快呼气。吸气时，依次鼓腹、扩张胸部、扩张上胸部，使胸、腹腔处于"饱和"状态。吸气的时候要吸到完全吸不动为止，吸足7秒，而呼气的时候要一下子把气呼出来。这样的深吸快呼，重复做3次。

（3）伸展四肢：就是通过活动你的四肢，活动肩、颈和腰、背的方式，来达到活动四肢、放松肢体的目的。比如一些简单的张开双臂、伸展动作等。

活动四肢之所以可以缓解心理紧张，是因为人在紧张的时候，四肢会不由自主地环抱、收缩，两个肩膀会不由自主地向上耸、向内扣，腰背也比较容易僵硬。同时，这样收缩、内扣、僵硬的肢体又会反向给我们的大脑传递"我现在很紧张"的信息。所以，这时候如果我们把四肢打开，活动一下肩颈和腰背，让肢体更加放松，就等于给大脑传递了"我在放松"的信息，这样有助于我们缓解紧张和疲劳。

二、在阅读中学习表达
——阅读让表达更有根基

> 读书也像开矿一样，"沙里淘金"。
> ——赵树理
>
> 林清玄说：你的气质里，藏着你读过的书和走过的路！

当众表达能力主要受表达意愿、表达技能和知识水平的影响。一个人如果能调节好当众讲话的紧张恐惧，会更有当众表达的意愿；当众表达要具备的各种方法、技巧，只要用心，也很容易学会。而表达者的知识积累却是一个需要长期学习和储备的过程。

如何在短时间内积累丰富的知识呢？

最有效的方法就是多阅读。

当众表达能力训练

（一）阅读是表达的根基

"阅读"一词广泛地说指的是阅历和读书。阅历比读书更能让人获取丰富的知识和体验。不得不说，语言表达中那种内在的力量感，来自一个人生活和工作的日积月累，来自阅历和思考，来自人们读过的书、走过的路、流过的眼泪、洒下的汗水……古人说"纸上得来终觉浅，绝知此事要躬行""读万卷书，不如行万里路"，都是在强调这种实践和经历的重要性。

于是有人会说，既然阅历重要，那我们就多多去阅人好啦。可是，就算你每天阅人无数，你能见到达·芬奇吗？你能见到孔子吗？你能见到亚里士多德吗？肯定见不到，你见到的都是和你同一个时代的人，拥有着同样困惑的人。

不是每个人的人生都有波澜壮阔的经历，有的人一生都很平静平淡，那如何体验更丰富的人生呢？

"君子生非异也，善假于物也。"如果我们想跳出当下的困境，体味不同的人生，那就要多读书，读书能够让我们和古今中外伟大的人产生共鸣。

"书籍是人类进步的阶梯。"书中有前人的经验得失，有众人的阅历和智慧；读书能跨越古今中外，打通时空、地域、民族等限制。

古人说"读书破万卷，下笔如有神"，这是强调读书与写作的关系；而针对当众讲话，可以说"读书破万卷，开口如有神"。

一个人没有阅读的积累，腹中空空，讲话自然会言之无物，是没有说服力的。

朱熹说"问渠那得清如许，为有源头活水来"，阅读是表达的"活水"，人们可以通过借读别人的经历，通过与作者进行思想碰撞，来获取"源头活水"，获取源源不断的知识和体验，获得当众讲话的谈资。

普京是俄罗斯政坛的妙语之王，《时代》周刊评价他："普京不仅是一位具备超凡领导水平的政治家，还是练就纵横捭阖金口才的外交家。他短小、精悍、直击要害的只言片语常常轻而易举地击败对手华丽但言不及义的长篇大论。"

可是人们很少知道，普京在小时候是一个沉默寡言、口语表达能力很差的人。后来当他立志成为一名政治家时，他才意识到口才很重要：没有一个伟人不是伟大的演说家。他也深知，肚子里面没有学问，就讲不出内涵丰富、精彩睿智的话语来。

　　成为伟大演讲家的前提应该是学识渊博。于是，普京下决心提升口语表达能力。他开始发奋博览群书，每天废寝忘食。普京只要翻开书本，总要把那些发人深省的至理名言或经典段落认真抄写下来，并用颜色笔标写评语或感悟。有时遇到一本好书，他会把整本书抄下来。这样，既加强了记忆，又拓宽了思维。

　　经过大量的阅读，普京的讲话水平有了质的飞跃。他不开口则已，开口便语惊四座。每次讲话，他不是长篇大论，而是一语中的、字字珠玑。在大学期间，他获得了全校"最佳辩手"称号，其口才让同学佩服不已。他的恩师夸赞他说：普京讲话字字珠玑，针针见血。

　　后来，当有人问他练出卓越口才的秘诀时，普京毫不掩饰地回答说："我的口才是读出来的。"

普京从书本中汲取了无穷的讲话素材，再加持他的睿智，腹中有书，讲起话来有如神助，怎能不成就他"金口才"外交家的形象呢？

"腹内草莽"，怎么能出口成章？见解独特，才能一鸣惊人。善于表达的人，每一次唇枪舌剑、口若悬河、舌绽莲花，都是平时"问学穿石"、博览群书的厚积薄发。所以，阅读是表达的基础，多读书、多实践，说话时才有材料可供调遣，表达才更有力量。

（二）正确阅读，才能提升表达能力

1. 要带着明确的目的阅读文章

　　你在表达中要解决什么问题，要深化哪方面知识，把你想弄明白的问题分次序，列个清单，这样读书会更主动，也会更专注。

　　很多人读书，只是停留在"读"的表面。他们很享受书中优美的词句、流畅的表达，可是读完之后，当想和朋友分享书的内容时，却发现自己讲了一大堆话，也没把内容讲清晰。最后只能说"反正这本书很棒，我推荐你看"。这是因为他们的读书只游离在文字的表面，没有深入理解书中内容。

　　作者要表达什么，为什么要表达，怎么表达的，如果这些都没有弄清楚，没有读透，怎么能给别人讲明白呢？

读书的目的是学以致用。读书的最高境界是对书中内容有自己的理解和看法，不能生搬硬套。华盛顿说：读书而不能运用，则所读书等于废纸。波尔克说：读书不思考，就等于吃饭不消化。带着目的或问题去读书，注意力才会聚焦，才会对书中内容有一个清晰的脉络。

比如，我们确定了当众讲话的主题后，可能要通过读书找相应的素材，我们讲话需要的素材一般有三类：故事、事实、案例类；观点、看法、见解类；理由、分析、解释类。我们在阅读过程中，就可以有意识地按照这三个部分，有目的地去积累素材，以此来为我们的表达服务。

读书后的行动目标也要明确。最基本的行动目标是把从书中得到的知识，通过实际行动，反复尝试，真正明白悟透，转化为属于自己的能力。

2. 了解作者的表述方式

书是精读，还是略读，依据读书的目的而定。在精读前，要先快速浏览一遍书的序言、目录、后记，了解全书概要。序言里会有书的重点内容介绍；目录就是路标，告诉读者每一个重点在书的哪个位置；而后记也会包括重点内容，但不是每本书都有。快速阅读是快速了解一本书的大致内容，而精读就是要深入学习一本书的精华。精读重点内容的时候，要把能触动你的词语或精美的句子摘抄下来。

当然，我们的当众表达能力不够，并不是词汇量和语句量的问题。例如一些综艺语言类节目，主持人和嘉宾都很会表达，但如果把他们说的每句话单独拆分，你会发现词语都很日常、很通俗。

表达能力不够，主要是思维不同。所以读书的时候，要侧重分析作者的思维方式，观察作者在文中是如何将自己的观念展现给读者的。

每一篇文章都有独特的讲述方式，包括开头、中间及结尾。甚至文章中间比较重要的内容也有不同的表达结构。

我们了解作者行文的表述方式，是为了学习作者是如何讲述观点，如何铺排表达结构的。

读书的作用就是让文章的结构进入大脑，提高发言时的建构能力。我们在阅读时，经常去"提取"和学习文章内在的表达结构，当在日常生活中构建相应的表达时，我们就能够信手拈来。当我们积累的表达结构越来越多，积累的知识素材越来越丰富，就会变得自信，就能自如地操控丰富的言辞，讲话能力也就逐步提升了。

3. 读书也需要思考

古人说"学而不思则罔"，读书就像吃饭，走马观花地过一遍，囫囵吞枣，就没有味道。为了把阅读的内容变成我们的能力，必须要经过深度的思考。

读书是一个不断发现自我、完善自我、逐步提高思维能力的过程。人们读书时，要把书的中心主旨理解准、理解深、理解透、理解到位。每本书都有作者的观点，我们读完之后，要思考作者的看法与自己的价值观是否相符？如果相符，可以来补充我们的认知；如果相悖，我们就要在心里来一个思考，来一个辩论，到底是自己现存的价值思维正确，还是作者要表达的内容更高，价值观之间的取向，哪种才是正确的？如果觉得还是自己的认知对，就拒绝这本书对思维的改造；如果觉得这本书讲得有道理，就推翻原有认识，接受作者的表达。

我们除了要仔细阅读书中的内容，还要边读边想：这本书让我们悟到了什么，有哪些启发；这些知识能解决哪些问题，能用于工作、生活中的哪些方面，自己下一步的行动是什么，与哪些知识之间有联系；还可以把所读之书与同类图书、文章联系起来读，与相关领域的学术体系、学科前沿联系起来思考。

4. 构建复述框架

表达能力的背后是理解能力，而理解的程度取决于对语言掌握的熟练程度。只有理解并掌握了，才能去输出，才可以指导实践。

我们可以通过读书，对所读的内容进行分析整理，总结出作者表达的主要观点和文章的结构框架。再去构建我们复述的框架，然后按照这个复述框架和相关材料，用自己的理解方式去组织语言练习复述。

不断练习，直到自己能够把这篇文章复述出来。这个过程能够让我们的表达能力和思维能力得到锻炼，同时让表达更进一步。

当众表达能力训练

三、怎样充分准备一次当众讲话

> 如果事先缺乏周密的准备,机遇也会毫无用处。
>
> ——托克维尔
>
> 再有实力的人,如果没有精心的准备,也无法说出有系统、高水平的话来。
>
> ——林肯

明天你就要去求职面试了,你想在面试的时候好好展现自己,却一直不知该如何准备才好,你在网上查了好多资料,虽没有章法,却也做了三天的准备,写了自认为词句很好的、可能用得到的稿子。可在最后面试中,你没有表现出应有的水平,没有打动面试官。

下周公司要召开会议,你将在会上进行发言,公司的很多领导、同事都要参加会议,你希望自己有很好的表现。可是你虽然准备了很多材料,熬了好几个夜晚做了PPT,但现场你表达的效果还是不够好。

你有没有过上面的经历,这些都是事先有一些准备时间的当众讲话,可惜因为你不得要领,摸不着方向,没有把握好机会。

准备一次当众讲话,是要拼凑出一篇词句华丽的讲话稿子,做一个漂亮的PPT才重要吗?不是的。

(一)做好准备才能自如应对

每一次自如的当众讲话,背后一定是大量用心的准备。

英国前首相丘吉尔有一次到了会议地点，司机开门请他下车，他却说，请稍等，我还在看我的讲稿。

丘吉尔的演讲被称为"可抵百万雄师"，他也需要提前做准备，且是用心地准备，这不仅是对听众的尊重，也是成功演讲的基础。

乔布斯的演讲魅力众所周知，他也非常注重演讲前的准备。每一次发布会之前，乔布斯都会提前把会场租下来，对着几名核心人员反复演练自己的演讲稿，不断调整。

无论是面试、会议，还是报告、演讲……准备一定是重要步骤。在面对一次当众表达任务的时候，怎样才能做出高效的准备呢？

（二）了解听众——从听众的期待或需求出发

当众讲话前，你最先考虑的问题是什么？好多人会说：我最先考虑的是我要说什么。这样的想法，只站在自己的角度考虑我要说什么，而不是站在听众的角度去考虑怎么说，是一种"表达自私"的行为。其实，当众讲话的关键要"以听众为本"，因为听众是评判你表达效果好坏的关键。

准备当众讲话的时候，每一步都要围绕听众的期待和需求，围绕怎么让你的听众听清楚来展开，而不能自说自话。

由此可知："为什么你那么努力地展现自己，但是面试官就是无法被打动；为什么你熬夜准备了很多PPT，但会议分享就是效果不好。"因为你没有针对听众所关注的内容，没有关注到你要说的话听众是不是能接受和喜欢。

很多缺乏经验的表达者，常常习惯把注意力都放在自己要讲述的内容上，以为准备当众讲话就是自己好好做一个像样的PPT，在网上学习一下名人的演讲，写一个语句精美的稿子而已。却不对听众做研究，结果越是准备得多，可能越是陷在自说自话里，离听众也就越来越远，这样的准备结果是本末倒置了。

无论是会议发言、汇报工作、小组讨论，还是向客户宣讲，或者去面试应聘、答辩、演讲等，在准备的时候，首先需要弄清楚将要讲给谁听。这决定了你的表达方式，以及你要准备的讲述内容。

当众表达能力训练

你要了解的听众不是某个具体的人,而是指一类人。你需要定位你的听众:有哪些人,他们的人数、年龄段、性别、教育背景、职业经历、兴趣爱好、价值观、对讲话主题的态度,甚至宗教信仰等。

一次,笔者受当地妇联邀请去给社区的工作人员做家庭教育方面的培训,当时我首先就问清楚:是给哪些人做培训,培训的目的是什么;听众的人数、性别、受教育情况,这些人在家庭教育方面的基础是怎样的,他们在工作或生活中,对家庭教育的需求是什么;等等。如果他们是普通的基础培训,应该讲哪些内容;如果他们是已接受过相关培训、有丰富家庭教育经验的社区专职管理人员,我又应该讲哪些内容……这些都是需要做不同准备的。

一般情况是:为求知而来、为疑问而来、为利益关系而来的听众,他们关注的重点是讲话内容,要确保讲话内容充实,层次清晰;如果是为放松心情而来、为完成单位公派任务而来的听众,只有讲话人的表达能力强,能讲一些他们感兴趣的内容,且讲话的技巧高超,才能吸引他们的注意力。

了解听众的人数情况,可以由人数多少确定在什么会场讲,所用麦克风、电脑等道具准备情况如何。

总之,尽可能地去了解你的听众是谁。你越能准确地判断对方对什么内容感兴趣,什么样的讲述方式最能吸引他们,你就越有可能做出一个更有针对性的主题和内容设计。听众是没有办法拒绝跟他有关的和对他有用的内容的。很多杰出的演讲者,不管他们本来的目的是什么,他们都会把自己的演讲内容包装成跟听众有关的、对听众有用的,这样才能受听众欢迎。

来看美国前总统奥巴马的夫人米歇尔的一次演讲,这次演讲的真实目的是米歇尔希望大家把票投给希拉里·克林顿,让希拉里成为奥巴马之后的继任总统。但她怎么说的呢?

她说:我是一个妈妈,我很担心我孩子的成长。我认为最适合给孩子们创造一个好未来的人是希拉里。为什么?因为希拉里做了……的工作,都是为了儿童的工作。

这个演讲就跟听众有关,因为有太多选民本身就是父母,许多人都听得热泪盈眶。讲的内容跟听众产生共鸣了，听众能用心地听下去，甚至会被她影响。

每次在新品发布会时，乔布斯最关心的是，听众听得懂吗？能理解消化吗？最后能记住吗？

所以，做好对听众的了解，从听众的期待或需求出发，是你想要一开口就讲到点子上，一张口就能抓住对方注意力的至关重要的第一步。只有了解听众，你的讲话才能与之共鸣，才能传达你的影响力。

（三）确定主题和素材——你要对听众说什么

了解了"听众是谁"，根据听众所需确定讲话主题和目标。

曾经有一名美国国会议员，在纽约的马戏场发表了一次说明性演讲，讲美国正在如何备战等。可这时候观众需要的是娱乐，不想被说教。观众刚开始时耐心而有礼貌地听他讲了10分钟，但在后15分钟，大家都希望他的讲话最好尽快结束，可是他却不理会这些，仍然说个没完。于是，开始有人嘲讽地喝彩，其他人也跟着起哄，立刻就有上千人随后吹口哨，甚至大声吼起来，他只得放弃讲话，羞愧离场。

这位美国国会议员就是没有根据听众所需，选择了错误的讲话目的和主题，讲话才会以失败结束。

当你根据听众所需确定了主题后，就要准备与主题相关的学科知识、一般性知识和经验性知识，你要充分思考，准备得越具体越好。你准备的这些素材，是你讲话时要使用的事实和理论依据，材料准备得越多，你就越容易从这里选出有含金量的语句，且越充分才越有说服力。美国著名人际关系专家戴尔·卡耐基说："你要尽量去了解要讲的话题，了解的程度要超过你所讲的40倍。"

2007年6月，从哈佛大学辍学30余年的比尔·盖茨，应邀在母校的毕业典礼上发表25分钟的演讲，演讲获得了极大成功。然而，比尔·盖茨花了足足6个月的时间来精心准备这次演讲。我们来看一下比尔·盖茨为这次演讲所做的准备过程。

当众表达能力训练

2006年12月，比尔·盖茨开始为半年后的哈佛大学演讲着手做准备，他自己动手做规划、写草稿，还制定了时间表。针对此次演讲的各个环节，他都进行了周密细致的安排和规划。

在初稿形成之时，他找来一名助手，协助他进行演讲稿的准备工作。首先，两个人一起进行"头脑风暴"，逐一列出这次演讲可能涉及的问题，充分进行考虑；一起对材料进行分类、加工、提炼，一连写出了6份草稿。然后，他用电子邮件把自己所写的草稿发给信得过的同事，请他们提意见、出点子，进一步完善演讲内容。最后，他又带上自己的演讲稿，亲自去拜访"世界上最伟大的投资家"——股神巴菲特，当面征求他对演讲的看法，再一次对演讲稿进行修改完善，认真得像小学生一样。

在毕业典礼上，比尔·盖茨面对哈佛大学校友，发表深情演讲，与校友无私分享自己创业的宝贵经历和多年人生历练的心得体会，产生了良好的反响。

这次演讲的成功，与比尔·盖茨之前的充分思考、精心准备是分不开的。

准备足够的材料之后，接下来，要筛选演讲内容，即哪些是听众最关心、最需要的。怎么筛选和判断呢？

先把你想说、能说的都罗列出来，再把这些内容中，你的听众最关心、最需要也最能体现你对对方价值的部分，按照重要性进行排序，筛选出哪些是重要内容、哪些是次要内容。如果你什么都舍不得删掉，就想一想，如果听众只让你讲三点，你要讲哪三点？然后从第四点开始全部删掉，这样做不会对讲话有实质性的影响，反而会让讲话更有针对性，重点更突出。

比如，下周要召开部门会议了，领导让每个人汇报工作，你在准备的时候，先确定了会议上虽然会有很多人，但是你主要的表达对象是你的领导。确定讲述内容的时候，你首先要梳理出自己要汇报的工作有哪些。全部罗列出来之后，看这里面哪些是领导近期最关心的问题，哪些能体现出你的工作成绩、工作价值，然后按照重要性进行排序，分出主次。

怎么来判断领导最关心的是什么问题呢？一般来讲，领导近期在各种场合、会议上反复强调、问得很细或者花时间最多的事情，就是他最关心的。再看这些事情是否与你的工作内容相关，如果相关，就要重点说；如果关系不大，你也要有所准备，以备领导问起你对这些问题的看法时，让你措手不及。

比如，如果近期项目进度是领导关注的，你在汇报的时候就要重点说，目前各项目的进展情况，能否保证在最后的期限内完成；如果最近安全生产的问题让领导比较头疼，你就不能只强调项目进展顺利，或者业绩水平良好，避而不谈安全生产的问题。

总之，你要重点考虑对方关心什么、需要什么，希望在你这里听到什么。当你讲话的内容是围绕对方的需求来进行有针对性的准备时，才能取得更好的表达效果。

当然，在准备过程中，当众表达的内容要真实，如果是亲身经历，你讲出来也会有感染力，能触动听众。

（四）确定你的讲述方式

如何讲，才能让听的人能够清晰地接收到你想表达的信息？这主要涉及两方面：一是表达的结构；二是表达的辅助手段。

关于表达的结构，无论是发言、面试还是开会、演讲，都要注意在讲话的时候，有意识地分出开头、中间和结尾。这样会让你的表达一下子分出层次，变得清晰。

如果你还有余力，想在讲述方式上多下点儿功夫，或者有机会参加一些较正式场合的报告、演讲，你可以通过举例子、讲故事、关联热点话题等方式增强表达效果。

同时，可以使用辅助手段，如PPT、图片、视频、小道具、产品的样品等。很多时候，一张图、一个30秒的短视频、一个可以拿在手上的样品，胜过千言万语。比如你给领导汇报新方案，你把新方案实施后的效果做成一个短视频，在汇报过程中播放，会特别直观、更有说服力。如果你在给客户做提案、推荐新产品的时候，带上一个样品去现场，让客户亲眼看、亲手用一下，效果会更好。

如果你能做好这些相应的准备，现场的表现就能让你的领导、同事、客户、面试官刮目相看了。

当众表达能力训练

（五）准备讲话稿或提纲

"准备一份稿子"的方式是用来帮助自己理清思路、整理好自己要说的内容。如果你的经验已经非常丰富，你也可以只列提纲。因为不管这份稿子现场是否用得上，你为这次讲话认真准备过一份稿子，对你的临场表现和心理稳定都会有很大的帮助。

怎么样准备稿子？

你需要把准备的素材内容整理成文字，如果你的发言有时间限制，你准备的文字篇幅要比规定时间少一点儿；如果没有特定的时间要求，你就按照3～5分钟的通用时长来做准备。

稿子出来之后只是初稿，你需要把"写"出来的稿子口语化。

因为在沟通表达中，口语更习惯，更容易让人理解，有亲切感。尤其是领导在布置任务、提出要求的讲话中，不要总用发号施令或文绉绉让人似懂非懂的词句，而是要以深入浅出、生动鲜活的语言来循循善诱，以理服人。

> 毛泽东主席的许多讲话就是口语化的典范，如《反对党八股》，历数"党八股"八大罪状，本是很严肃的话题，却平白如话、生动活泼，还用上了形象化语言，如"老鼠过街，人人喊打""懒婆娘的裹脚布，又长又臭"等，庄重又诙谐，贴切又自然，令人百看不厌。

我们当众讲话要"以听众为本"，把稿子变得更口语化，就是为了让听众能更好地理解我们的意思。

很多人的发言，能感觉出他做了很多准备，可听上去非常生硬，像在背书，那就是因为没有做好口语化。具体怎样做到口语化呢？

一定要通读全文，边读边改。因为通读过，你马上就会发现，稿子里面哪些句子不适合用口语说，哪些句子是拗口需要调整的。尽量多用短句子，少用长句子；多用通俗易懂的说法，少用生僻的词句。

介绍一种口语化的方法，就是在准备稿子的时候，可以先不动笔写，先对着准备好的提纲框架说一遍，把你说的话用手机录下来，再整理成稿子。

如果你慢慢熟练掌握了能够对着比较详细的发言提纲直接说，将来还可以尝试用只准备了几个关键词的提纲来进行练讲。这样循序渐进，能为你今后的脱稿讲话，甚至即兴讲话，做很好的铺垫。

（六）模拟预讲——"溜嘴皮"

准备好一次当众说话，至少要正式演练三遍，多次更好。

你已经确定了自己讲话的内容和方式，还写好了一份稿子。接下来开始演练了。

比尔·盖茨为母校哈佛大学正式演讲的前两周，就开始在自己办公室的小讲台上反复演练。一次又一次地细心揣摩、模拟预讲，他不仅把主题和材料烂熟于心，而且对演讲中的手势、语气、停顿都进行了练习。就在演讲的前一天，在去波士顿的私人飞机上，他还对着自己的妻子大声朗读。

比尔·盖茨演讲获得的成功，与他背后付出的辛苦努力是分不开的。有效的模拟预讲对演讲获得成功起到关键作用。

演练的时候，语速不要太快，要咬字清晰。如果你面临的讲话任务有时间要求，每次演练都要测算一下时间，确保在比限定时间更短一点儿的时间内完成，一般可以比限定时间少准备30秒的内容，给现场留有余地。如果超时了，就要对稿子进行修改；你还可以把练习的过程录下来，看看有没有什么听着不顺、看着不自然的地方，随时进行调整；如果你觉得自己练得不错了，也可以尝试讲给家人、朋友听，直到他们能听得懂、听得清楚、听得感动。

有人称这个阶段叫"溜嘴皮"，目的就是把你"想"和"写"出来的内容，与你嘴巴的"说"衔接起来。有时候，如果我们不经常说话，脸和嘴巴的肌肉是僵硬、不灵活的，通过反复演练，动嘴出声地把内容说出来，多次地"溜嘴皮"，会让你的大脑、嘴巴和心理三者统一起来，也让嘴部肌肉形成表达上的记忆，有利于打破当众讲话时，一张嘴就忘词的窘迫局面。

四、当众表达能力提升训练二

（一）"建立当众表达自信心"的训练

做深呼吸和肢体活动的放松练习，来感受运用身体调节缓解紧张的方法。

1. 深呼吸练习

跟着下面的口令，深吸快呼，吸满7秒，一共做三次。

来，预备，吸气……呼气；再来一次，吸气……呼气；再来一次，吸气……呼气。好了，我们暂停几秒，体会一下你身体的感受。

2. 肢体活动练习

如果你有独立的空间，适合做活动四肢和腰背的放松练习；如果没有独立的空间，就选择做肩膀、颈部小动作练习来放松。

（1）伸展四肢。

站起来，把双臂打开，张开你的手掌，打开双肩，用力，尽量把手臂朝着头部两侧45°角的方向，往上方伸展。

好，你也可以双手十指交叉，然后掌心向上举过头顶，在举的时候，打开双肩，双手尽量向上向后伸展，1，2，3，4，停留4秒。

（2）腰背放松。

站起来，双脚与肩同宽，站住就不要动了。上身向左、向右各转动三次。来，双脚不动，上身先向左转三次：左转第一次，左转第二次，左转第三次。好，上身向右转三次：右转第一次，右转第二次，右转第三次。好。

我们也可以用弯腰来放松腰背,做的时候,请你保持双腿并拢直立,弯腰的同时两臂伸直,指尖尽量向地面伸展,争取碰到脚尖,同样连续做三次,来,我们一起做,一次,两次,三次。

在你紧张恐惧的时候,通过身体的舒展,让自己的心情也舒展开。

(3)肩颈放松。

当你在会议上或者在人多不适合做大动作,又特别紧张的时候,这种方法特别好用。你可以配合深呼吸一起进行,先来听口令:

请你有意识地把后背挺直,放平双肩,放松……然后把你的两个肩膀同时向背部收拢,一直收拢到收不动为止。再让肩膀恢复原位放松,来,重复做三次:收,放松;收,放松;再收,放松。好,恢复原位。

接下来,配合深呼吸,跟前面一样,一起吸气,吸足7秒,快速地呼出来,重复做三次。

好的,你还可以通过向前低头和向后仰头的动作,来放松颈部,在做这些动作的时候,注意低头和仰头的动作交替进行,而且,低头和仰头的时候都要停留4秒以上才有效果,在低头和仰头交替的时候,动作可以慢一点儿。

好,你现在试一下,先低头4秒,再仰头4秒,这样交替进行,重复三次。做完之后暂停一下,体会一下你身体的感受。

做完上面的练习,相信你的状态一定比刚开始时放松了许多。

可以反复做这个练习,选择其中一两种你喜欢的方法,经常去运用它,把它变成你应对紧张时非常自然的一个习惯、一个动作。

(二)表达基本功训练

1. 每天练练"嘴皮子"

查找一些比较经典的、涉及各个发音部位的绕口令,每天练10分钟,可以训练嘴巴肌肉的灵活度。

当众表达能力训练

2. "自说自话"练口才

自备材料:

选读一篇可供讲述的文章,或细听一段他人完整的讲话录音。

操作方法:

先把读完或听完的材料编成讲述提纲:要醒目易记,分清主次,抓住重点。

再找一个僻静之处:或田野山林,或河畔海滨,或斗室镜前,只要四周无人,便于"自说自话"。按照提纲把准备好的内容自讲一遍或数遍。可以把山水草木、风云雨雪、桌椅床几等模拟为听众。

定期小结,总结经验,反复练习。每天坚持半小时,百天口才会有很大的提升。

(三)日常生活情景中的表达训练

1. 请给当地一个特色餐厅打电话订座

询问相关情况,比如什么时间去人少,要不要等位,有没有靠窗座位,最近新推出哪些菜品、特色菜介绍等。

2. 称赞同学、朋友或同事

比如衣着和发型、特长、技能等。至少选择两个称赞的角度,试着和他多聊聊。

3. 赞美陌生人

比如赞美小区的保安、晒太阳的老大爷、跳广场舞的阿姨、公交车上的陌生人等。

4. 跟超市的店员聊天

可以跟促销员聊店里的商品、有什么促销活动、有什么好东西可以推荐等。

第三章

表达思维

当众表达的关键思维有三种：发散思维、结构思维和逻辑思维。

发散思维是训练人们打开思维，让人们能够快速反应，在即兴表达的时候张口就有话说；结构思维是给人们建立一个说话的框架，在这个框架里，人们知道讲话要有头有尾有章法；逻辑思维能帮你在具体的阐述中，让话说得有理有据，表达清晰，让人信服。

一、发散思维与当众表达
——想得好，才能说得好

> 古希腊哲学家德谟克里特曾说："别让你的舌头抢先于你的思考。"
> 托尔斯泰曾说："知识，只有当它靠积极的思维得来，而不是凭记忆得来的时候，才是真正的知识。"

有人说话语无伦次，有人说话有条有理；
有人说话如蜻蜓点水，有人说话入木三分；
有人说话机械刻板，有人说话灵活机智；
有人只能人云亦云，有人却能独辟蹊径。

之所以人们说话有这些不同，除了表达技巧问题，最主要的是思维方式与思维品质的不同，语言代表了思维的维度。思维方式与思维品质在很大程度上制约着口语表达的质量。人们想要说得漂亮，先得想得漂亮，想得好，才能说得好。

因此，从根本上改变表达能力，要从训练思维开始。

（一）想说得好，需要训练思维

说话为什么还要进行思维训练呢？

说话的状态只是一个最终呈现出来的表现，而背后真正决定你为什么这么说、能不能说得好的，实际是思维方式，口才是思维的反映。

当众表达的关键思维有三种：发散思维、结构思维和逻辑思维。

那些在即兴表达的时候反应敏捷、妙趣横生的人，是因为他们的发散思维比较活跃；那些即使临场发言也能够很有章法、意思表达非常完整的人，是因为他们的结构思维比较发达；那些说话总是头头是道、层次清晰的人，是因为他们的逻辑思维能力很强。会说话，背后都有着经过训练的语言思维在支撑。

当然，没有经过思维训练的人，也能够把话说出来。但思维能力得到锻炼的人，说出来的话，更能真实地表达自己的想法，他们能够更自如地运用说话能力为自己服务，真正发挥语言的魅力。

（二）发散思维的定义

我们先来做个游戏：

> 请你在1分钟之内，尽可能多地说出"红砖"的用途。

你能说出多少种"红砖"的用途呢？如果你只说出5种或者更少，那么你必须要加油了；如果你能说出20多种，说明你的脑子反应速度快。

这个游戏是用来测试你的发散思维能力的。你说出的用途越多越新奇，证明你的发散思维能力越强。

> 有一次，学生做这个游戏，有人说红砖可以造房子、垒鸡舍、砌围墙、铺地、铺路……可以看出，这只是把红砖作为一种建筑材料，只在这个范围去考虑它的用途，这属于一般的常规性思维。
>
> 也有人不仅能说出红砖作为建筑材料的作用，还想到了其他用途，如做锤子、打狗、打坏人、压纸、代替直尺画线、用它刹住停在斜坡上的车辆……

后一个人比前一个人发散思维的能力强一些，因为他突破了常规思维。

那么到底什么是发散思维呢？

发散思维是大脑的思维呈现出的一种扩散状态，思维从一个点出发，朝着各种可能的方向进行多维度联想、多角度思考，以发现事物之间的联系，引出更多的新信息，从而达到创新的一种思维方式。发散思维的训练可以打开人们的思维，活跃人们的表达。它直接决定了人在当众表达时的反应速度。

发散思维有如下三个主要特征。

当众表达能力训练

第一是流畅性,是指思维从一个点出发能流畅地产生大量念头的能力,反映的是思维的速度和数量特征。

例如关于"圆形"的发散,有人答"太阳、地球、月球、水星、金星、海王星等"。

第二是变通性,指的是人们能克服头脑中某种自己设定的僵化思维框架,按照新的方向思考问题、遇事随机应变的能力。

例如还是关于"圆形"的发散,有人答"耳环、自行车轮、井盖、皮球等"。

再如:

有一期电视节目中,主持人问某位著名演员:"如果满分是100分,你给自己的长相打多少分?"如果这个问题问你,你会怎么回答?我想很多人会说我给自己打七八十分吧,如果打太高了,显得自己太自恋;打太低了,显得自己不够自信。但是这位演员当时却说:"我给自己的长相打100分,因为我不能侮辱父母的作品。"

这位演员回答得很机智吧!在这个回答中,就体现了发散思维的变通性。这位演员巧妙地将主持人要求的对长相的评判,转移为对父母的作品进行评价,自然获得了特别好的效果。

第三是独创性,指人们在发散思维中对某一个刺激做出的不同寻常、异于他人的新奇反应能力。

例如还是关于"圆形"的发散,有人答"高音歌唱家吟唱时的嘴巴是圆圆的。"

又如:

有个孩子不愿意做爸爸留的课外作业,于是爸爸灵机一动,说:"儿子,我来做作业,你来检查如何?"孩子高兴地答应了,并且把爸爸做的"作业"认真地检查了一遍,还列出算式给爸爸讲解了一遍。只是他一直没明白为什么爸爸所有作业都做错了。

这个爸爸的思维就很独特,只是变换了一种思维和方法,就把孩子学习的主动性调动起来了。

这些看似游戏的练习，可以锻炼发散思维，当然，练习的关键是要说出新意。如果你能经常坚持这种练习，表达时的反应速度一定会超乎你的想象。

二、发散思维，让你的思路更开阔

> 一个具有天才禀赋的人，绝不遵循常人的思维途径。
> ——司汤达
> 思维世界的发展，在某种意义上说，就是对惊奇的不断摆脱！
> ——爱因斯坦

你有没有这样的经历，马上要轮到你开口讲话了，你却突然大脑一片空白，不知道该说什么。那一刻好像特别漫长，等想起来应该怎么说的时候，已经"时过境迁"了。

这时候，如果你是发散思维能力强、联想丰富的人，就能打破常规，快速找到话题的突破口。如果你能有多维度的思考，会朝着多个不同方向联系，就会比别人有更多的选择。发散思维能让人的思维更敏捷、思路更开阔，经过专门训练的人，张口就有话说，不会导致尴尬的局面。

来看一个用发散性思维巧妙缓解尴尬的经典案例。

有一次，李肇星出使智利参加两国外交部政治磋商。按照惯例，会谈结束要互赠礼物，受礼人还要当着赠礼人的面将礼物打开，然后赞扬、致谢。当李肇星把从中国带来的仿青铜工艺品"马踏飞燕"郑重地交给对方时，意想不到的事发生了：当智利外长打开古色古香的精美包装盒时，盒

当众表达能力训练

内的骏马不是踏着飞燕,而是躺在飞燕的旁边!

显然,这个礼物在运输途中破碎了。现场的气氛顿时凝固了。好在,李肇星迅疾做出反应。只见他不慌不忙地从盒子里把骏马和飞燕拿出来,亲切地对智利外长说:"这是我国两千多年前的文物,十分珍贵。"他边说边把骏马与飞燕对接好,并微笑着对智利外长说:"你看,这骏马奔腾的姿势,这矫燕飞翔的动作,是多么生动、逼真,两千多年前人类就有这么高超的艺术水平、这么先进的铸造技术,我们今人也会自叹不如。"气氛开始缓和。李肇星接着又说:"古人也有考虑不周的地方。骏马与燕子结合的地方做得不够结实,不过也不能责怪他们,他们哪里会想到我们会万里迢迢把它带到大洋彼岸,送给我们最好的智利朋友呢?"李肇星这段妙语,将原本凝固的气氛化解了,会客厅里立刻洋溢着欢快的笑声。

李肇星根据眼前的危机发散思维,随机应变,这种发散思维应对得体、机智,既将错就错,又自圆其说,合乎情理,巧妙地化解了尴尬局面。

如何运用发散思维帮助我们快速打开思路、开口就有话说呢?

(一)采取纵向拓展法和横向拓展法

上面讲了,发散思维是从一个点朝着各种可能的方向进行多维度联想、多角度思考,以发现事物之间的联系,进而引出更多新信息的创新思维方式。如何在短时间内进行多维度的思考和联想呢?这里介绍纵向拓展法和横向拓展法。

纵向拓展法是从当前话题的某一个点切入,对同一个话题进行深度的挖掘,并由这一点深入拓展话题。比如你和别人聊关于"篮球"的话题时,由这一点又聊到篮球的历史和未来,就是纵向拓展。

再比如:下面是对"人云亦云"这个话题的纵向拓展思路。

题目:不能人云亦云(纵向拓展)

论点:不能人云亦云

分论点:

(1)人云亦云的表现;

(2)人云亦云的危害;

（3）人云亦云的本质、思想根源；

（4）不人云亦云的做法、措施。

纵向拓展的要点有两个：一是从一个点切入，进行深度上的挖掘；二是在挖掘过程中，要拓展话题。它能让你在即兴表达的时候，非常聚焦，既不跑题，又不受局限。

再比如，你去求职应聘时，面试官问你："你朋友对你的评价是怎样的？"

如果你回答："我的朋友都说我是一个可以信赖的人。"

这里"可以信赖"就作为一个切入点，通过"纵向拓展"的方式，你就要快速反应，把这个问题回答好。所以接下来要做深度上的挖掘，你可以说明自己是如何可以被信赖的。

例如：

"因为，我一旦答应别人的事情，就一定会做到。如果我做不到，我就不会轻易许诺，我有一诺千金的信用度。"

然后就要举例子在深度上拓展话题，由这个例子出发，你可以继续说明你是如何理解信赖，如何理解责任，如何理解个人努力与公司职责的关系的。

你还可以进一步说说，这种看重一诺千金的性格是从哪里传承来的，受到谁的影响，你为什么能够坚持，为什么能够做到，甚至如果你加入新的公司，你会怎么继续努力发扬这种个性，等等。

在这个过程中，你先从"可以被信赖，答应别人的事一定会做到"讲起，再讲一个例子，由例子出发，讲你对"信赖""责任"的理解，对"个人努力与公司职责的关系"的理解，这些关键词句都是你搭的一个个"跳板"。通过这些"跳板"，让你丰富了话题，同时帮助你过渡到自己最终想表达的意思上。

这就是纵向拓展的优势，如果你是在即兴表达，可以借助它把一个点讲深，同时讲得很丰富。

再来说说"横向拓展话题"。

横向拓展法说的是从当前话题的某一个点切入，又联想到其他话题点，它们既可能是并列的关系，也可能是互补的关系，比如你和别人聊篮球的时候，又聊到足球、乒乓球、羽毛球。把它们之间的关系说清楚，就是在运用发散思维。

这些联想到的不同话题，就像是你的"跳板"，你在不同跳板的过渡中，把它们的关系说清楚，就完成了发散思维横向的运用。

比如，还是求职面试，面试官问你：

"你一个学法律的，到我们播音公司来应聘主持人，你的专业没有优势啊。"

这个问题有点儿尖锐，但是如果你能抓住面试官问话里的两个关键词"法律"和"优势"，就可以把这两个词当作你的"跳板"，分别横向拓展一下。

由"法律"这个词出发，你可以先说一说法学专业的特点及应用面；由"优势"这个词出发，你可以强调一下，有能力把法律专业学好的人，有哪些特点，比如学习能力、沟通能力、适应能力、口才能力、反应能力都特别强，这些对主持人岗位来说都是优势。

这样一来，你就通过发散思维，跳出了面试官的负面引导，通过横向拓展和一个个"跳板"，过渡到你想表达的自己所具有的竞争力和优点上了。

学会跳出对方负面引导这一点非常重要。很多时候你反应不过来，被人牵着走，就是卡在这一点上。

我们再来看一个例子，看看你能不能用"横向拓展"的方法，跳出困境。

如果面试官问你：

"如果我们（A公司）和B公司都录用你，你会去哪一家呢？"

这个问题很有挑战性，如果你说"我当然选A公司"，但是又给不出恰当的理由，那就显得没有说服力。

这个时候，你就需要横向拓展一下，想一想，A，B两家公司的特点跟你的性格特征、专业优势有什么关系。其中的相同点、相关点是什么，从中来找到应答的"跳板"。

假设A公司的公司文化比较年轻、活跃，B公司的公司文化比较稳健、严谨。那么你刚毕业不久，你就可以说：

"我会选择你们公司，因为从我比较活泼开朗的性格来说，我更喜欢在一个年轻、活跃的工作氛围中得到锻炼。"

反过来你也可以这样说：

"我会选择你们公司啊，因为我喜欢年轻有活力的团队。我喜欢在比较有挑战的环境里得到锻炼。而且我的年龄、工作经验和相对比较沉稳的性格，还能跟年轻的团队形成互补。"

这两个回答都是从A，B公司的特点与个人特征的相关性中引申出来的。正说反说都可以。有了"横向拓展法"的迁移和衔接，你既能跳出对方提问的陷阱，又能给出不生硬、不唐突，让人觉得你有理有据、有判断力的回答。

如果说纵向拓展像打井，挖得越深越容易打出水，那么横向拓展就像撒网，网撒得越开越容易打到鱼。

在当众表达的时候，尤其是即兴发言时，有时我们因为没有办法做充分的准备，往往不能一下子把想要表达的意思说清楚。这时候，运用发散思维，从纵向和横向来找"跳板"，就能说清楚我们想表达的内容。

（二）学会联想，训练发散思维

在社交聚会场合，如果你想主动结识一些新朋友，运用联想的方法，会比别人更快地找到聊天的话题。

通过联想，去寻找你想与之交流的朋友之间的共同点。这个共同点就是你开口说话的出发点，让话题在你们之间展开，自然也就拉近了你们之间的关系。

我们最常用的，就是找你和对方经历中的共同点。因为人的潜意识里天然地认为：经历类似的人之间，比较容易互相理解、互相沟通，且更容易产生信任。

就拿生活经历的共同点来说，运用发散思维可以联想到以下方面：

你们可能是同乡、同学、同行、同龄人。由此拓展开去；

还可以找找，你们有没有一起搭同一趟高铁；你们的家离得是不是很近；你们是不是在同一座城市，或者都在国外留过学；你们有没有一起共同的经历；你们的孩子是不是有共同点……

只要你有机会见到面前这个人，你们之间就一定存在着某些共同点。

即使你跟对方第一次见面，完全不认识，你也可以通过自己的观察、与对方寒暄、提问等，获得上面信息。

一旦发现你跟对方有同乡、同学、同行、同龄人等方面的共同之处，就立即从这个点展开，既说说自己的情况，又可以询问对方更多的细节。这个时候，可能对方也已经打开了话匣子，你们就可以进行更多的沟通了。

比如，在社交聚会场合，你想认识出席同一个活动的王老师，就可以通过找你们的相同点，和对方聊起来。

你可以说："王老师，我也是某某大学毕业的，说起来我可以算是您的师妹。"或说："王老师，听说您也是某某地方的人，那我跟您还是老乡呢。"

你可以说："您出过的书我都看过，也在网上听过您的课，没想到今天有机会见到您本人。"你还可以说："我现在做的工作，就是跟您研究的领域、跟您今天讲的主题是相关的。"

你甚至可以说："特别希望能够让我们单位的领导、同事都能听到您的讲座，也特别想有机会再请教您……"

当你一直在让这位老师感受到你们之间的共同点以及联系的时候，你再提出想跟对方加个微信、留个联系方式就容易得多了。

这种通过发散式联想、提问，找共同点来打开话题的方法，特别适合在双方不熟悉、不了解，需要通过交流来拉近关系、建立理解的时候。

再比如，在商务谈判之前，气氛很紧张，你可以通过"找共同点"的方式，跟对方聊聊天，缓和一下气氛，这样能帮助你们在谈判中建立信任，进而互相合作，达成共识。

（三）联想小练习，训练发散思维

发散思维潜力巨大，平时我们要抓住任何自己看到的、听到的东西，多做几次纵向和横向的联想，最大化地开发大脑。

比如，你上下班或上下学要乘地铁，你就可以想想，"地铁"跟什么事物有联系呢？

往纵的方向拓展,可以联想到地铁的硬件、软件、内部空间、运行线路、调度、时间管理;

往横的方向拓展,可以联想到其他交通工具,还可以联想到城市规划、房地产开发,甚至联想到地方经济、社会公德、公共安全、防恐防暴,等等。

只要你愿意想,一个"地铁",可以联想到的内容会有许多。

如果你想训练自己的发散思维,那么从今天开始,你看到任何东西、听说任何新闻,都可以想一想这些事物和事物之间的关系,以及你和这些事物之间的联系。

看上去可能不相干的事物之间,你也要多问几个"真的没有关系吗""还有其他可能性吗",可能都会有新的发现。

最后笔者要说:让我们平时多抓住训练发散思维的机会,学会运用发散思维"横纵拓展",这样我们就能在当众表达的时候,更快地找到话题,让思维更活跃、更开阔!

三、建立结构思维,让讲话有章法

> 结构会产生能量。比如石墨和金刚石,同样都是由碳原子构成,但由于组合排列的结构不同,形成了截然不同的物质。表达也一样,用对框架结构,表达思路将更加清晰。

他到底讲了些啥?
能不能说重点?

当众表达能力训练

> 这人讲这么多废话!
> 他什么时候能讲完啊?

听别人发言时,你有过上面的感受吗?

对于一件事,有的人两三句话就能抓住问题的本质,简明扼要地表达清楚;有的人则絮絮叨叨,长篇大论,说了半小时,还是让人听得云里雾里。

很多人讲话没有条理,要么大脑一片空白,不知道要说什么;要么信息泛滥,不知道怎么能说明白。或者只是把碎片化的信息表述出来,听起来混乱不清。为什么会出现这样的情况呢?从本质上来说,就是缺乏结构思维,没有形成结构思维。

什么是结构思维?

结构思维就是在书面、口头表达、解决问题和思考问题时,找到一种结构,将原本碎片的想法和信息,以一种有条理有结构的方式呈现出来,让听的人一下子抓到重点,这就是结构思维。

当众表达的结构思维,就是人们在讲话的时候,要像写文章一样,也有意识地建立一种结构意识。

怎样建立讲话的结构意识,让我们即使在没有准备的情况下,也能说话有章法?

任何人讲话都想把话讲清楚,都想让听众听明白。可是,人们常说"言由心生",我们的心里想什么,嘴里才会说什么。思维没有建立,语言就出不来。所以,表达者讲话前一定要有结构意识,设计表达内容的结构,建立结构思维。

结构思维的本质是框架,是一种由无序到有序的思考方式。其实,说话就是排兵布阵,能完整、清晰地传递思想,才是有效的表达。如果在表达中能建立结构框架,把排兵布阵落实到讲话中,那么开口讲话就更容易做到层次清晰、有条理。

下面介绍几种常用的表达结构框架。

(一)"总—分—总"的结构

我们对写文章的结构思维一定不陌生。在学生时代,老师教我们写作文的时候，教过一种最基本的、通用的写作思维框架，就是"总—分—总"的结构。

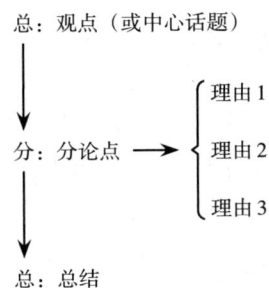

"总—分—总"的结构中，"总"是总起或总结，是先说一个总的观点或中心话题，提出要解决什么问题，达到什么目的。然后分层叙述，中间分成3～5个分论点展开，去阐述文章的总观点，分论点可以是理论、事实、案例、故事等。最后进行总结，提炼升华，呼应或强调观点。这就是我们平时写作文的一种最基本的框架。

在口语表达尤其是即兴表达的时候，我们也需要运用这样的思维方式。因为口头表达和书面表达的思维方式是相通的，如果我们经常写文章，有布局谋篇的意识，对掌握即兴表达的结构思维会有很大帮助。

来看一个案例：

小樊要应聘某公司的活动运营岗位，面试时，他是这样介绍自己的：

"我应聘的是贵公司的活动运营岗位，按照我的理解，这个岗位最需要的是活动策划能力、沟通协调能力和执行力，我认为我有能力胜任。（结论先行）

"我曾用三天时间策划了一个线下500人的联谊会，活动中（不少于400人分享到朋友圈）、活动后线上曝光点击量近80万次，我全面参与及主导，并在其中起……作用。（分论点一：体现活动策划能力的故事）

"另外，在××活动中，与××公司沟通赞助事宜，最后争取了××奖品；在××活动中，与公司内的三个部门沟通，其中最难协调的是××事，最后……这些沟通的侧重点和关注点都是不同的，我能很好地协调统筹，掌握进度。（分论点二：体现沟通协调能力的故事）

当众表达能力训练

"最后,我还是一个执行力特别强的人。去年我跟朋友约好一起健身读书……我至今已经坚持打卡××天,已经成功减脂××千克,读了××本书。(分论点三:体现执行力强的故事)

综合以上三点,我与贵公司的活动运营岗位非常匹配。"(最后总结)

这一段就用了"总—分—总"的结构,开头先给出观点"应聘公司的活动运营岗位,有能力胜任";中间用三个分论点展开,给出胜任的理由;结尾回应开头,"与岗位非常匹配"。

这种"总—分—总"的结构,一开始将讲话的要点交代清楚,使听众能在最短时间内了解最重要的信息,这样的表达清晰、有条理,一"听"了然。

通常情况下,"总—分—总"的结构方式特别适合议论文体,这种结构还有总—分、分—总等结构的几种变式。下面说说总—分和分—总的结构。

1. 总—分的结构,即"先总后分"

总—分的结构就是先总说主要观点,再详细展开分说。如果你对某个话题有过非常成熟的思考,很有把握张口就能说,那么你在即兴讲话的开头就可以先给出一个总的观点或看法,先声夺人,再分点逐一地给出理由,逐步展开。

比如说,开公司会议时,领导突然叫你说说看法,如果你胸有成竹,你就可以直接说:"这个问题,我的看法是……"直接说出你的观点,然后逐步扩展,"我的理由有三点,第一……,第二……,第三……,我的看法也许有不足,供大家讨论。"

这就是"先总后分"的结构。这样的表达框架很适合汇报工作、会议发言等,先总说观点,领导直接知道你要表达的重点是什么,能在最短时间内了解最重要的信息,不然领导只能通过零散的信息来猜你到底想表达什么,沟通会很低效,有了"总—分"的结构,会提高沟通表达的效率。

2. 分—总的结构,即"先分后总"

如果在即兴讲话中,你对讲话的话题没有考虑成熟,一下子很难给出一个恰当的回答,也就是没办法提出总的观点,这时你可以依据主题和讲话场景,想到什么先说出来，边说边想边补充，在你说完全部想法之后，再归纳出一个总的结论，这就叫作"先分后总"。

比如开会的时候，领导突然点你的名字，叫你说说看法。如果你没有想好，你就可以先说自己想到的点，或者先说对前面说话的人的意见的理解，边说边补充，最后给出一个观点性的总结。

比如，你可以说："这个问题我也没太想好，我只是有一个想法和大家讨论一下……"

然后你就把自己已有的一点儿想法先说出来。有可能你说着说着，不断会有新的观点涌出，最后你要归纳一句：

"总之，这些是我目前的几点想法，算是抛砖引玉吧。"

这就是"先分后总"的结构。"先分后总"的开头能帮我们在还没有想好的情况下，先把话茬儿接住，先说起来，避免冷场。

如果你说完一种观点之后，又有了继续想说的话，可以接着说下去。"先分后总"的结构表达起来非常灵活。

综上，"总—分—总"的结构可以说是当众讲话的"百搭"结构，无论是临时性的当众讲话，还是小型会议发言，抑或是大型演讲，它都可以让我们的讲话逻辑鲜明、条理清晰。

（二）"三段论"加"三点式"的结构

"三段论"加"三点式"的结构，是一种非常有效的即兴当众讲话的语言结构方式，可以很好地解决讲话思路不清晰的问题。其运用的基本要点如下。

第一，把一次讲话分为开头、主体（中间）和结尾三段，形成一种总—分—总的结构。

第二，开头部分主要是结论和立题，一方面要抛出对于某一事物的观点与结论，另一方面要提出一个问题，也就是立题。

第三，将主体部分分为三点来讲。比如说三点意见、三点感想、三点理由、三点建议，从三个方面来证明，等等，凡事尽量归纳在三条之内。"三"是一个很神奇的数字，三点好记忆，四则嫌多，二则嫌少。就是在讲话中围绕表达的中心，运用第一、第二、第三，首先、其次、最后，1、2、3，过去、现在、将来等方式来陈述。

网上有一个比较典型的案例，某房地产公司领导参加政府组织的座谈会。我们一起来看看他的发言。

> 各位领导，朋友们：
> 你们好！
> 我想谈谈自己的想法。最近的房子不是很好卖，从今年6月起，我们一个800套房子的楼盘开盘以来，已经五个月了，只卖出去30多套，形势非常严峻。搞得不少开发商打出了降价或者三年后加价20%，以及无条件加购的广告。由于去年形势看好，我们新开工一个楼盘，同时向政府投了两块地，目前欠银行贷款5亿元左右，有的已经到期了。总之资金非常紧张，如果短时期内不能出现转机，我们也不知道能坚持多久，据说深圳、西安、南京等城市的政府已经出台了一些救市政策。

这段发言听起来信息很多，但思路有些混乱。

我们如果换成"三段论"加"三点式"的结构，再来看一下：

> 各位领导，朋友：
> 你们好！
> 我认为当前的房地产形势非常严峻，房地产的冬天已经来临了，需要政府帮我们过冬。
> 为什么这么说呢？
> 第一，市场需求急剧减弱，房子很难卖。从今年6月起，我们一个有800套房子的楼盘开盘已经五个月了，只卖出去30多套。
> 第二，资金链绷得太紧，甚至有可能断掉。由于去年形势看好，我们新开工一个楼盘，同时向政府投了两块地，目前欠银行贷款5亿元左右，这些贷款有的已经到期了，但是按照目前的形势是很难偿还的。
> 第三，开发商的信心遭受沉重打击，有个别开发商卷款跑了，也有闹着向政府退地的。总之，在当前的形势下，政府应该出台一些相应措施，恢复市场信心，解决开发商的一些实际问题，从而保证不至于出现崩盘。

这样调整了一下，思路就变得清晰了。

下面我们把"三段论"加"三点式"的结构拆分开具体说说。

1. "开头、中间、结尾"的"三段论"结构

我们写文章的时候，经常会用"凤头、猪肚、豹尾"六个字，比喻文章开头精彩有吸引力，中间内容紧凑饱满，收尾漂亮有力，它形象地写出了好文章的"开头、中间、结尾"的样子。当众讲话的"开头、中间（主体）、结尾"三部分的要求和写作是一样的。

开头是引导听众听下去的兴致所在，所以开场很重要；中间是引经据典，承上启下；结尾是归纳总结，完成升华的重要部分。

在当众讲话中，运用"三段式"，怎么设计开头、怎么展开中间、怎么让结尾拥有力量呢？请看下面一个例文。

挖掘潜能

人才的成长并不是偶然的，而是有一定规律可循的，只有挖掘其潜能，才能造就人才。（开头）

挖掘人的潜能需要给人广阔的自由发展空间。有一种热带鱼在小鱼缸里不管养多长时间只能长到三寸来长，但是把它放到大鱼池里，不到两个月就能长到一尺长。人也是如此。在某一领域你可能很平凡甚至卑微，但千万不要灰心，那只能说明你的潜能还没发挥出来，一旦给予你广阔的发展空间，你的潜能就可能会不可阻挡地爆发出来，并且这种爆发是惊人的。因此，必须给人以广阔的发展空间，给梦想一个开花的机会，让人的潜能淋漓尽致地发挥出来。

挖掘人的潜能需要给人足够的信任和肯定。心理学家罗森塔尔曾随机挑选出一批学生作为"最有前途者"，然后将名单交给班主任，由于班主任对这些学生寄予了更大期望，8个月后，这些学生的成绩明显提高。这说明每个人都是有潜能的，要善于发现并挖掘他的潜能。你相信他是一棵参天大树，即便他是草，也会努力地像树一样成长；你相信他是一棵卑微的小草，即便他有长成大树的资质，终究也只能成为一棵草。我们每个人都渴望得到别人的信任与肯定，把别人对自己的期望作为前进的动力，并

当众表达能力训练

为之奋斗。有这样一个故事：一个小时候被怀疑智商有问题的孩子，在母亲的鼓励与支持下考上了一所知名大学。我们不去质疑这个故事真实与否，毋庸置疑的是，这位母亲的欣赏和肯定，鼓励了孩子成长。

挖掘人的潜能需要不断去体验、去摸索。野狼对周围环境总是充满好奇，从而不断体验、发现食物、避免危险，顽强地生存下来。要挖掘人的潜能，必须不断体验，去经历、去摸索、去收获，从而了解自己的潜能究竟在哪里，如何才能最大限度地发挥潜能，并且保持优势使自己立于不败之地。要知道，人的潜能很大。只要我们不断摸索，去适应环境，去迎接挑战，就能不断挖掘潜能，扩大优势。（中间）

总之，造就人才必须挖掘其潜能，一旦潜能被挖掘出来，每个人都可以成为人才，都可以有机会展示才能。（结尾）

上文的结构就是典型的"三段式"模式。全文分为三个部分：开头与结尾各为一部分，这两部分前后照应，紧扣"主旨"；中间部分又分为三个段落，每个段落都设置分论点。

"挖掘人的潜能需要给人广阔的自由发展空间。""挖掘人的潜能需要给人足够的信任和肯定。""挖掘人的潜能需要不断去体验、去摸索。"每一段开头都用这种相似的句子来展示分论点，将文章内容清晰、直观、有层次地展现出来，使得文章条理清晰，一目了然，论据充分，论证有力。

即兴讲话要借鉴这样的表达结构。可以说，一段高水平、高质量的即兴讲话，有完整的结构是非常重要的指标。如果我们在当众表达时，能够有意识地用"开头、中间、结尾"这样的三部分结构，即使是面对临场发言，讲话也会清晰有条理。

有人会说，即兴表达怎么来得及设计出一个开头呢？如果是主动的即兴表达还好说，如果是被动的即兴表达，可以用来思考和反应的时间很短呀。其实，正是因为即兴表达留给我们的时间短，所以才更应该一开口就有"开头"意识，这样才能在最短的时间内，一开口就有吸引力。

（1）"开头"一般有两种结构形式："先总后分"或"先分后总"。

"先总后分"是最常用的即兴表达的开头方式。

下面来看《有用者，即是"材"》一文，该文就是一开篇先总说提出中心

论点的:

> 同样的一根怪状树根,木匠认为它一无是处,弃之一旁;雕塑家却视为至宝并加以雕刻,成为艺术品。大相径庭的结果给了我们一个启示:什么才是真正的"材"?衡量"材"与"非材"的标准又是什么?我认为:有用者,即是"材"。"有用"是衡量"材"的标准。(总说,提出论点)

在即兴表达中,采用这样的结构开头的好处是:观点非常明确,听众能清晰地了解你传达的信息,避免让人听完抓不住重点;同时能够帮助你避免词不达意,能让讲话表达清晰。

"先分后总"是先分若干分论点进行论证,再进行归纳,进而明确总论点,做出结论。

> 例如毛泽东的《反对自由主义》,先逐条列出自由主义的种种表现,然后总说自由主义的危害性及反对自由主义的重要意义。

这里"先分后总"是归纳整理的论证结构,论证具体、全面、有说服力。

(2)"中间"展开要有细节。

在即兴讲话的时候,如果你是想表达一种观点、一种看法,那么需要在中间部分提供充分的论据;如果你想讲的是一个故事、一段经历,那么需要在中间部分提供情节、细节。当然,在实际操作中是可以灵活运用、综合运用的。

再看《有用者,即是"材"》中间的论证部分:

> 对于人,同样如此。每个人都不可能成为一个彻头彻尾的有才之人,但每个人都能够在一个特定的领域中发挥他的作用。何谓人才?有用的人就是人才。
>
> 娃哈哈集团董事长宗庆后说得好:"有用的人为我所用,有用的人各施其用,那企业就活了。"这句话也成为娃哈哈集团的用人标准。宗庆后的娃哈哈集团是第一个在全国推行"只看本事,不看学历"的用人标准的公司。的确,作为一个明智的决策者,作为一个精干的领导者,应该做到"唯才是用"。(议论——用了一段分述,证明论点。)
>
> 古往今来,善于用人的例子不胜枚举。曹操曾不顾关羽为敌邦之将而

施与厚恩。对于谋士们的反对，曹操坦言："虎勇之将，仁义之将，关云长有大用矣。"华容道解围证明了这一点。信陵君曾不顾侯公身份低微而屈身与其交游并以礼相待，他的理由很简单——侯公，有用。果然，献计，然后"面北自刎向我主"，印证了信陵君的判断。（事例，进一步证明观点。）

············

中间这部分的论证紧扣论点展开，有理论，有事例，论据充分，层次丰满。

总之，即兴表达中，如果开头的作用是开宗明义，跟大家讲你打算分享什么主题。那么中间部分就要给出非常充分的理由、事实、依据，甚至讲一小段故事、经历中的某些细节，让大家知道你为什么要分享这个主题、这种观点。

（3）"结尾"要简短有力，用一句话收尾。

即兴表达的结尾也要像写文章的结尾一样，简短有力。"一句话收尾"是说，结尾最好用一句话点题或者深化，这样会简洁有力，不拖泥带水。

大家知道，即兴表达很容易出现虎头蛇尾，甚至没有结尾的情况。因为大多数人都没有"结尾"意识，能坚持说到后面已经很不错了。

所以，如果你能注意"结尾"这个环节，你的即兴讲话就会更有整体感。那么，怎么结尾呢？

最简单的办法，就是无论你如何开场，中间如何展开，都要有意识地用一两句话，或者重复一下你的观点，或者对你刚说过的内容做一个概括、提炼。这句话既可以是跟开头呼应的，也可以是在中间展开的基础上，对整段讲述有一个深化、提升。

演员胡歌在2016年中国金鹰艺术节（以下称金鹰节）上的获奖感言的结尾，就是一个跟开头呼应，同时对整段讲述有深化、有提升的"豹尾"。

看他是怎么做呼应的。开头是这样的——

"首先，我觉得非常意外，我没想到梅长苏和郡主会以这样的方式相会。我想说句心里话，我觉得我今天可以拿到这个奖，并不是因为我的演技有多么好，我觉得是因为我很幸运，我可能比更多的人更早地知道，演员应该是怎么样的。"

好，这是开头。中间部分，胡歌说了郑佩佩、李雪健等演员在他演员生涯中给他带来影响的故事。

再来看结尾——

"所以今天这个奖杯拿在我的手里，它并不代表我到了一个多高的高度，而是代表了我刚刚上路，这是一条创新之路，也是一条传承之路，艺术是需要创新的，但是，追求艺术，敬业的精神是需要传承的，谢谢大家！"

这个结尾，胡歌第一句话说，"所以今天这个奖杯拿在我的手里，它并不代表我到了一个多高的高度，而是代表了我刚刚上路"，这句话跟开头"我觉得我今天可以拿到这个奖，并不是因为我的演技有多么好"，就是一个呼应。

然后他的第二句话："这是一条创新之路，也是一条传承之路，艺术是需要创新的，但是，追求艺术，敬业的精神是需要传承的"。

这既是对他前面说到的演员、艺术家对他言传身教的一个概括和提炼，又是对整段获奖感言的一个深化和提升，真是一个非常经典的结尾。

模仿胡歌获奖感言的套路，如果你的公司开年会，领导让每个人都说一说一年的收获、心得体会，你就可以这样开头：

"今年让我感触最深的是，没想到在业务压力这么大的情况下，我们团队齐心协力完成了业务指标。"

这是一句总起。

接着在中间展开部分你可以举几个例子，或讲故事，说说在最困难的时候，身边的小张、小李、小王……是怎么鼓励和帮助你的，领导是怎么以身作则的。

最后结尾，你可以呼应开头的"团队"，同时对中间部分做以下总结、提炼：

"所以我此时特别感慨，大家教会了我很多，我从大家身上也学到了很多，我得到了很多的成长。我为自己是这个团队的一员而感到自豪！我相信，今后即使有再大的挑战，我们也能克服，一定会越做越好，真心地谢谢大家！"

这就是一个结构完整、非常精彩的年会发言。所以中间展开部分的细节一定要到位。

这里还有一个小技巧，就是为了让听众更清晰地了解你讲话的结构，更明确地知道你要准备收尾了，可以在你收尾的那"一句话"前加上"所以"这个词。

比如，你去应聘一个管理岗的工作，面试官给你1分钟，让你说说你为什么能够胜任这个岗位。

开头你可以这么说："因为我已经准备好了"，或者更投入一点儿，说"因为我为这个岗位已经准备了多少年"。

中间部分，你可以列举事实，说说你在能力上做了哪些准备，在管理经验上做过哪些积累；如果有余力，你还可以说说你对管理岗位的理解。比如，走上管理岗位意味着更大的责任，意味着要带好团队。

最后，结尾一句话收尾，用上"所以"这个词。你可以说：

"所以，我应聘这个岗位不仅是因为我准备好了，更是因为我意识到这是一份责任，也是一个更大的舞台，我想在企业未来的发展中发挥更大的作用。"

2. "三点式"的结构

"三点式"的结构把话语"关"在"三点式"的结构中，会让讲话人脑子不乱、说不窜，也使听者有层次感、易懂，还能增加话语的可信度。

比如：

假设你要向朋友推荐一本介绍高效阅读法的书，如果你这样说：

我最近读到一篇文章，名字叫《这样读书，你也可以有过目不忘的本领》，是教人如何高效阅读的。我这个人也经常看书，每天刷不少公众号、各主要资讯平台的文章，但是真正记住和能运用的知识点很少，基本上读完就忘了。然后，当我需要的时候，我会再重新翻一遍，我这样阅读效率真是比较低，看了这篇文章，感觉里面提到的方法还不错，我现在阅读的时候，也在慢慢尝试作者说的高效阅读法，果然效率高，能记住的知识点感觉也比以前多了，所以推荐你也看一看。

看完上面的话，你有什么感觉？是不是感觉说得很乱，这样表达的思路也不够清晰。

我们如果运用结构思维，将如何去组织信息呢？

  我给你推荐一篇文章，名字叫《这样读书，你也可以有过目不忘的本领》，我读过了，感觉很不错，建议你也看看，原因有三点：第一，它是讲思维的，是教你怎样高效阅读和提取信息的，咱们以前的阅读方法是有缺陷的；第二，你现在正在搜集素材，要写关于提升表达能力的书，刚好能用上；第三，我用了文章里讲的方法之后，真的感觉阅读效率和能记住的知识点都比之前增加了。

运用了"三点式"的结构思维之后，整体的信息变得既整齐又清晰。

"三点式"结构思维运用中还有点儿小技巧。对于少数有整体思维的人，说话前稍加酝酿，就能罗列出"一、二、三、……"，多数人是缺乏整体思维的，但不要怕，如果即兴讲话，请大胆挤出第一点，边说边思索后面的点，别担心想不出，因为人脑一般比嘴巴运转得快。如果真的出现了说完前两点，第三点卡壳了，此时你不要慌，可以轻咳一声，目光睿智地看着听众说："刚才我已经说了两点，第三点你们猜一下是什么。"当大家七嘴八舌地回答时，你就有时间去回忆思考第三点了；若实在想不起来，大家的回答中可能有为你所用的。

以上我们了解了当众表达的结构思维，希望我们今后在当众讲话的时候，也能建立起像写文章一样的结构思维，让讲话听上去更完整、更有章法。

四、提升逻辑思维,让讲话随时都能有条理

> 语言是思维的"外壳",懂得启动思维来表达,语言才有力量。

有的人很能说,说了一大堆话,却还是觉得表达得不够清楚,听的人也一头雾水,理不出个头绪。

有的人在脑海里想了很多话,可当他说出来时,又是另一回事了。

有的人文字表述能力很好,一旦即兴跟别人说话,就说得很杂乱了。

在这些情况下,可以运用结构思维,通过加强开头、结尾的观点,建立思维框架,来强化讲话人想传达的内容。但是真正想要解决这样的问题,还要进行说话的逻辑思维训练。

如果说发散思维是让人们能够快速反应,在即兴表达的时候有话说;结构思维是给了人们一种说话的框架,在这个框架里,人们知道讲话要有头有尾有章法;而逻辑思维能帮你在具体的阐述中,让讲话有理有据,表达清晰,让人信服。

(一)说话的逻辑思维

表达的逻辑思维,就是我们构建表达的思维脉络,在这个脉络支撑下,我们表达的时候,能够有序地把想说的话系统地说出来,有根据、有条理,让人容易理解。

我们在认识事物的时候,逻辑思维能帮助我们把握规律、厘清关系、分清主次。在当众表达的时候,如果逻辑思维用得好,你的讲话就能有理有据、层

次分明、有说服力。

有一期《超级演说家》节目中,选手储殷演讲的《菜市场里的"两个中国"》,是这样开头的:

> 我先讲讲有意思的事情,我在这个菜市场发现了"两个中国",50岁以上一个中国,50岁以下一个中国。这"两个中国"观念、习惯、消费,是两个世界的。
>
> 你看像我们的中国大妈,砍价上来一半,六块钱一斤,两块,最后宰得你快哭了以后,她还得寸进尺来一句:"小伙子人不错,我再拿个西红柿走。"手脚特别快,已经拿走了,你追都追不出来,钻出来不方便,你就看她拿。
>
> 但还有一个群体你们知道吗?就是小姑娘,卖给小姑娘特别容易,她们连菜都不认识,她就指指这个,最后算个总账。有时候,比如说五块八,她还给你六块不用找了。
>
> 有的人老讲,说你这个太刻薄了,因为大妈都是小姑娘变的,小姑娘终将成为大妈,其实还是一拨人,对吧。其实完全不是这样,真的不是这样的,为什么?这是两个时代。

这段开头先总起,说菜市场里发现了"两个中国",再分述50岁以上的中国什么样,50岁以下的中国什么样。为什么他的讲话能让人听得很清楚、很明白,而且觉得很有道理呢?

一方面,选手储殷一上来,就把演讲的信息进行了划分,划出了两个群体:一个是中国大妈,一个是小姑娘。他按照顺序分别讲,而不是混在一起讲,所以听着就不乱,且很有条理。这就是运用逻辑思维体现出的有顺序、有条理。

另一方面,他的说理很充分。这"两个中国"为什么观念、习惯和消费是两个世界的:先看具体的行为描述,大妈买菜时候的讨价还价,小姑娘买菜时候的付钱爽快。这些具体行为和描述,构成了他论述的理由,市场买菜砍价展现出两个不一样的时代。从而得出"以前的消费是为了满足需要,今天的消费是为了证明自己的存在",表述有理由、有依据,让你不得不觉得他说得有道理,这就是运用了逻辑思维。

（二）如何运用逻辑思维来表达

在你即兴讲话的时候，怎么样运用逻辑思维呢？怎么做才能达到我们有顺序、有条理，同时有理由、有依据呢？

1. 善用表现逻辑关系的连词

在当众讲话的时候，首先要有意识地运用逻辑关联词，把整段的话分开说，让讲话有顺序、有条理。

很多时候我们说话不清楚，就是因为我们想说的太多，把所有想讲的话都混在了一起，没有分开类别或顺序，一股脑儿全讲了，导致听的人听得混乱，理不出头绪。

我们平时最常用的三种逻辑关系连词如下。

（1）表示时间顺序的逻辑关系连词。

像昨天、今天、明天，过去、现在、将来，刚刚、现在、马上。这些词很适合在需要讲述一件事情的发展经过，或者一个事物发生变化的过程的场景里来用。比如公司年会、毕业典礼、同学聚会、节假日的祝酒词、婚礼上的祝福语等。

比如公司开会，一位领导即兴发言：

"我们在创业的起步阶段，可以说经历了很多坎坷，我们取得的成绩有目共睹，但我们都知道这一切来之不易，只要我们齐心协力，永不放弃，一定会取得更大的成绩。"

这一番话听上去好像没什么毛病，但是细听起来，信息不清晰。还是这段词，我们把它切分一下，加上表示时间顺序的逻辑关系连词：

"过去，我们在创业的起步阶段，可以说经历了很多坎坷。现在，我们取得的成绩有目共睹，但我们都知道这一切来之不易。将来，只要我们齐心协力，永不放弃，一定会取得更大的成绩。"

同样一段话，加了逻辑关系连词，切分成三个层次，一下就变得很有条理。这就是善用逻辑关系连词的作用。

（2）表示空间顺序的逻辑关系连词。

像上、中、下，左、中、右，前、中、后，它们特别适合在描述某个具体的活动场所、公共空间的时候用。

比如描述某一处景点、环境，描述某一个商场、酒店、茶馆，描述你所处的某一方位等。

（3）跟数字顺序或者重要性顺序有关的逻辑关系连词。

像第一、第二、第三，其一、其二、其三，首先、其次、最后，等等。这些都是我们特别熟悉的，它们在你要发表观点、陈述对事物的看法、分析问题原因的时候，非常适用。

比如公司开总结会，让你对最近的工作进行经验教训总结。

你就可以说，"我认为今年的工作总体很有成果，但是在工作过程中，还是有三件事值得我们反思和讨论，第一……，第二……，第三……"，这样说，条理清晰，容易让人听得进去。

当然，在实际表达运用中，涉及的内容会复杂得多，有可能每一层都需要展开，只要将逻辑关系连词的位置、顺序说清晰，表达起来就有层次、有条理。

还有一个小技巧，就是当即兴讲话时，你都可以用"我想说三句话"这个句式。然后说"第一句话是……，第二句话是……，第三句话是……"就可以了，这和前面讲结构思维的"三点式"相似。

如果你有话可说，每一句话完全可以是一种观点或一段陈述，并可以扩展。如果你没有太多话可说，那么直接说三句话。这样分开说会很清楚。

假如你参加应聘或者答辩，对方问了一个你完全不了解、不知道怎么回答的问题，你就可以用上面这个小技巧。

你可以说："关于这个问题，我想说三句话。第一，这个问题问得好，是个好问题；第二，它真把我问住了；第三，我接下来会想办法把这个问题搞清楚，希望能够向您请教。"这也算巧妙应对吧。

2. 使用"观点+理由"的句式，表达因果关系

逻辑思维的出发点，就是凡事有原因，凡事有依据。这就要求我们在即兴讲话的时候，每说出一个回答、一种观点、一项主张，都要主动地给解释、给

依据，不要让别人有疑问。

那么，具体怎么做呢？

就是在即兴讲话的时候，要有意识地多用"观点+理由"的固定句式来体现说话的逻辑。

正如前面储殷的演讲中开头说的"我在菜场里发现了'两个中国'"这种观点，不是说完观点就结束了。说完之后，他马上给出了依据，先说出了大妈和小姑娘在买菜、付钱时不同的行为表现，是因为以前的消费是满足需要，今天的消费是证明自己的存在，正是他接着给出了理由和依据，才有说服力，才让听众接受，不会产生疑问。

在当众讲话中，我们可以用"因为……所以……"这个关联词来提示别人，要给出理由和依据。

比如，领导突然问你对某个新来的同事的看法。这可能是一个不太好回答的问题，怎么办？这时，你就可以用"观点+理由"的句式，同时用上"因为……所以……"的关联词，来强化你给出的依据。

你可以说："新来的同事非常能干，因为我们部门一直遇到的一个很大的难题，就是他来了之后才带着大家解决的，所以，我觉得他很能干。"

你也可以说："我对这名新来的同事不太了解，因为我跟他的业务没有交集。虽然在一个部门，但每天都在外面跑，也很少见面，所以我对他不了解。"

你看，正说反说都可以。这样加上理由和依据之后，如果你给的是肯定的回答，能体现出你很靠谱、没有乱说；而如果你觉得不太好回答，给的是一个模棱两可的答案，也会因为你给出了依据，让人觉得你很诚恳。

3. 合情合理，把道理说通

有些时候，你面对的事物之间的联系和道理可能不是那么紧密，不是你一说别人就能懂的，那你就需要"合情合理，把道理说通"。

当你要说服别人的道理、联系不是显而易见的时候，你要通过逻辑思维把道理说圆、说通，说得稍具体些，将这种联系合理化，才能让别人觉得你说得合情合理，有说服力。

在第十届金鹰节颁奖典礼上，中国综艺节目主持人汪涵、何炅、撒贝宁、华少进行了一场即兴表达的现场比拼。

现场桌子上放了四个倒扣着的盒子,他们每人打开一个,无论盒子里面是什么,都必须马上说出一段话,并把它跟第十届金鹰节联系起来,为金鹰节献礼。

撒贝宁打开的盒子里,是一只活着的鸭子,鸭子跟第十届金鹰节的主题,实际上是没有任何关系的。情急之下,撒贝宁选择了单刀直入、直奔主题,他说:

"我不用说华少那么多,只有一句话,当它长大了,就是一只金鹰(掌声)"。

台下观众的掌声一片,能在这么短的时间内给出这样的答案很不容易了。

但台上的主持人可不依不饶了,华少说:"你这是《今日说法》的主持人吗,你这不是睁眼说瞎话吗?"汪涵也调侃道:"等到第二十届金鹰节,它有可能会变成一只酱板鸭。"

可见,大家认为撒贝宁的这个回答太牵强了,原因就是他只告诉了我们,等鸭子长大了,就是一只金鹰。但他没有告诉我们,一只鸭子为什么长大了就会成为一只金鹰。

这时何炅说:因为我们都知道,丑小鸭历经磨难,最终变成了天鹅。

何炅的这句话让撒贝宁的这种说法一下合乎情理了。你看,运用逻辑思维的"合情合理,把道理说通",有时候就是这么简单的一句话。

何炅把鸭子引申成丑小鸭,用它来代表电视行业,有了观众朋友们的呵护和支持,电视行业会发展,丑小鸭就会变成金鹰。

这里何炅做的补充,就是把本来没有联系的两个事物,建立起联系,并且将这种联系具体化、合理化的过程。

关于"合情合理,把道理说通"的思维方法,我们经常运用三词成篇来练习。

比如在一个故事里把"鲜花、警察、风车"三个词都用上,而且不让人觉得别扭。

当众表达能力训练

先找出这三个词里有可能发生合理联系的两个词，想象出一种情景，然后让第三个词也合理地出现在场景里。

这个题目可以先把"鲜花"和"警察"联系在一起，然后把"风车"也嵌进去；你当然也可以先把"鲜花"和"风车"联系在一起，再让"警察"也合理地出现在这个场景里。在做这个练习的时候，可以尝试设想多个情节，通过这样的练习，就能锻炼你把各种事物充分合理化的能力，进而锻炼逻辑思维能力。

示范：

> 有一位年轻的警察，工作特别忙，经常加班，没时间陪女朋友。女朋友不太高兴，领导知道了就特意让他调休。年轻的警察跟女朋友约好了在公园门口见面，为了表示歉意，提前买了一束花。女朋友也很高兴，买了一个警察从小就喜欢的小风车打算送给他。没想到刚跟女朋友见面，这位年轻的警察又接到紧急任务要赶回去，这次约会又泡汤了。更让人没想到的是，这位年轻的警察在这次执行任务时殉职了。后来，每年的清明节，在他的墓碑前总是摆满了鲜花，还有一个迎风转动的小风车。

看上去没有联系的三个词，"鲜花、警察、风车"，只要我们稍微开动一下脑筋，还是可以让它们合情合理地出现在同一个场景里，而且一点儿都不显得生硬和突兀。

这样，你再遇到需要即兴讲话的时候，哪怕你遇到的场景及要说明的道理比较难解释，且并不显而易见，你也能够说清楚、说明白，让人觉得合情合理、可信服。

综上，在即兴表达中运用逻辑思维的三个步骤如下：第一，用逻辑关系连词对一整段话进行切分；第二，对切分之后的每一种观点、每一层意思都要给出依据、理由；第三，在遇到有些理由、联系不是显而易见的情况下，需要通过说理把道理说通。这三步层层递进，由易到难，都是在运用逻辑思维，让讲话更能令人信服、更有条理。

五、当众表达能力提升训练三

（一）发散思维表达训练

1. 在1分钟之内说出"树"的十种以上的用途

（"树"还可以换成手机、A4纸、铅笔、放大镜、羽毛球、回形针、水杯等生活中随处可见的物品，每件物品尽可能想出十种以上的用途，训练发散思维的反应能力。）

2. 选取两个不相干的事物，找出它们的联系，从中寻找相关点进行发散思维训练

例如：胶水和钥匙、渔船和书本、猪肉和汽车。

3. 思维速度练习

（1）请列出尽可能多种类的汽车。
（2）请说出各种取暖的方式。
（3）请尽量说出以下物品的用途：回形针、挂历、铅笔等。
（4）利用1条直线和1条弧线，组合成尽可能多的图案。
（5）请举出10个从未来看有利、从现在看有害的事例。
（6）用你的洞察力去预测未来十年可能发生重大变化的十种事物。

4. 词语故事编写

把不同的词语，按照自己的想法把它们串联起来，形成一个比较符合情理的故事。

例如：

(1) 土豆、扑克、太阳。

(2) 雪花、蜡烛、收音机。

(3) 鲜花、坟墓、购物。

(4) 阳台、球场、歌迷。

5. 给自己一张图片或者一个物品，思考之后，以此生成一个简短的故事，试着讲出来并用手机录音，反复修改至满意

（训练目的：激发联想能力，锻炼表达能力。）

（二）结构思维表达训练

请写出你的一项兴趣爱好，如旅行、美食、读书、音乐、园艺、手工、绘画等，用"开头、中间、结尾"的结构。

（提示：在展开部分可以写你为什么喜爱××，这项爱好给你带来了什么改变。要求不少于300字，注意使用简短明了、口语化的文字。）

示例：

开头：我喜欢……

中间：我为什么喜欢……，它给我带来了很大的改变……

结尾：所以……

（三）逻辑思维表达训练

1. 逻辑关系连词练习

准备一段你打算在年会上说的话，或者说一说你的新年愿望，用上与时间顺序有关的逻辑关系连词，时间长度为1分钟。

2. 三词成篇练习

请用"数学、春节、护照"讲一个情节完整、合情合理的小故事，三个词的顺序可以任意调整，时间长度为1分钟。

第四章

表达技巧

当众表达的技巧有很多，这里主要叙述：

好的表达离不开精彩的故事；

恰当的肢体动作会增强当众表达的感染力和说服力；

真挚的情感更容易拨动听众的心弦，与听众产生较强的共鸣。

当众表达能力训练

一、学会讲故事，让表达更具感染力

> 柏拉图说："谁会讲故事，谁就拥有世界。"
> 故事是一个窗口，可以让我们看到人生的无限可能性。
> ——麦成辉《讲出一个精彩故事》

你是否有过下面的经历：

小时候，经常伴着家人讲故事的声音入眠，一个个故事让你的童年世界充满遐想。

学校生活中，你和同学每天都有讲不完的故事，假期去哪里玩了，路上有什么见闻，看了什么美景，遇到了什么趣事，吃到了什么美味，你们会讲得眉飞色舞……

开会时，一听到长长的理论讲述你就昏昏欲睡；而一听到"下面我来讲一个故事……"或"很久以前……"，你立刻聚精会神。

职场中，你也会在休闲之时，和同事讲讲七大姑、八大姨的故事，聊孩子、聊老人、聊爱人……

我们都是爱听故事的人，我们总会被那些新奇有趣、情感真挚、跌宕起伏的故事深深地吸引……

（一）好的表达离不开精彩的故事

如果你的讲话通篇都是大理论大道理，听众可能会不自觉地溜号、打瞌睡。要让听众提起精神来，讲故事是一个有效的办法。因为道理只能赢得辩论，故事可以收服人心。

一段引人入胜的当众讲话，比较能吸引听众的是故事。故事天然地会让听者产生好奇心和代入感；故事能调动听众的兴趣，满足情感诉求，获得思想共鸣，好的表达离不开精彩的故事。

乔布斯生前最著名的演讲，是他在斯坦福大学毕业典礼上讲述的《这三个故事决定了我的一生》。乔布斯没有讲大道理，只是以亲身经历的三段故事为线索，回顾了自己创建苹果公司的历程，还讲了他对人生顿悟的几个时刻。

乔布斯讲述的语言非常朴实，他的表达给人较强的画面感，娓娓道来的话语赢得了全场听众的掌声。这次演讲也轰动了世界，后来这个演讲的视频被数亿人搜看。这种以讲故事为主线的讲话风格，成为人们学习表达的典范。

2021年，在小米手机发布会上，雷军在深情的演讲中，讲了一个让人印象深刻的故事，他说：

"……这十年，我实在太忙了，几乎没有休过假。去年6月，我好不容易请了几天假去云南徒步。我当时戴着墨镜、帽子，估计没有人能认出我。

"在香格里拉附近的一个国家森林公园里，我偶遇了一个年轻人，大家一起徒步，边走边聊。他叫姚聪，27岁，华能集团的一名风电工程师。他在山里工作，每个月工作二十天，休息十天。偶尔他也会觉得山里的工作很枯燥，但觉得风电的事业还是非常有意义的。

"聊着聊着，我突然发现他用的是小米8透明探索版。我估计他没有认出我来，就装着没看见。我们一起走了大约10千米，快结束的时候，他才突然说：'雷总，能不能一起合张影？'我愣了一下。他说：'我一开始就认出了你，只是不想打扰你，就没说。'他告诉我，他非常喜欢小米。小米每次出旗舰的时候，他都打电话找当地的代理商，叮嘱代理商一定给他留一台最好的，等他下山的时候去取。

"他说，他可以买得起任何一个品牌的手机，他也用过其他牌子，但最后他还是坚定地选择了小米，因为小米不一样，小米的理念不是赚更多

钱，小米选择了一条更艰难但是更有意义的路。他看着我，很认真地说：'我也是一个有追求的人，所以，我更喜欢小米。'

"这段话在我心里掀起了巨大的波澜……

"我知道，世界各地有千千万万像姚聪这样的'米粉'，十年来一直默默支持我们、信任我们。正因为这些信任，才让我们战胜了所有困难，走到了今天的世界500强，走到了今天的全球第二。

"正因为这些信任，让我有勇气站在这里，大声告诉大家，我们下一个目标：三年时间，拿下全球第一！"

这样一次不期而遇，雷军不只是遇到了一名有实力的年轻消费者，更是遇到了一名难得的知音，因为这个年轻人不仅喜欢小米手机，而且深度认可"小米精神"。这段经历对于雷军来说，真是太宝贵了，正是这无数"米粉"的信任和支持，雷军才更坚定、勇敢地去实现"全球第一"的目标。

你是不是也会被雷军坚定、自信的讲述所感染？这就是故事的魅力。好故事是成功表达的灵魂。

（二）好故事需要筛选和设计

虽然讲故事能让表达更具有感染力，但故事不是随意讲的，要根据表达需要进行筛选，故事要与表达的主题保持相关性。

表达前要分析听众需求及听众的人文特征、数量等，选择、设计与表达主题契合的故事，让故事为主题服务，并将自己的观点不动声色地融入故事中。乔布斯的演讲《这三个故事决定了我的一生》就是在演讲前选择和设计好故事的范例之一。

中央电视台新闻节目主持人李小萌曾讲过一个故事《我拿什么感谢你，我的儿子》，故事从一名妈妈写给即将上大学的儿子的一封信开始。这名妈妈是卖海鲜的，命运多舛。她先是伺候患病多年的公公婆婆到终老，接着丈夫因为工伤瘫痪在床自杀未遂，唯一的安慰是她有一个懂事的儿子。信里面讲了如下三个小故事。

儿子小学的时候开家长会，丝毫没有因为妈妈穿着卖海鲜的衣服而感到丢人，班主任盛赞她的儿子懂事。

初中的时候，瘫痪的丈夫自杀，儿子第一时间发现，送爸爸到医院，没有危险了才告诉妈妈，并要求妈妈不要责怪、不要害怕。儿子还想办法给爸爸找事做，帮助爸爸重新燃起生活的信心。

高中的时候，儿子发现妈妈唱歌好听，鼓励妈妈努力练唱，并替她报名参加《星光大道》。

讲述这个故事只用了10多分钟，三个故事简短且完整，体现了讲述者精心的设计。三个小故事层层推进，把儿子的成长与母亲细腻的情感浓烈地展现出来，感人至深。

试想，在实际生活中，发生在这对母子之间的故事应该有很多，讲述者筛选的三个故事表达的目的各有不同：开家长会时，班主任夸儿子懂事；爸爸自杀，妈妈意识到儿子已经成为自己和丈夫的靠山；儿子鼓励妈妈唱歌，残酷的生活没有难倒乐观的人。

很多人的人生中有类似的故事或经历，选取的讲述角度不同，表达效果也不同。在一次同学聚会时，大家讲到自己读书的经历：

一名男同学先发言："我小时候家里很穷，母亲去世早，父亲带着五个孩子，生活得很艰辛。我读大学第一学期的费用是乡邻帮着凑的，大一下半年开始，我就勤工俭学，靠自己挣生活费，我卖过菜，卖过报纸，做过装卸工、清洁工、家教……

记得一个三九天，东北刚下大雪，我晚上步行一个多小时去做家教，返回学校宿舍时，雪已经过膝盖深了，我深一脚浅一脚往回走，一个多小时的路我却走了两个多小时，回到宿舍时，我的棉鞋和裤脚全湿了，脚冻得有些麻木……我没有洗漱就悄声快速钻进被窝，冷呵呵的身体蜷缩好久没法入睡，听着同寝室同学的熟睡声，想着自己的不容易，觉得心里又苦又无助，当时我把头埋进被子里，用嘴死死咬住被角，忍不住无声地哭起来……一夜都没太睡觉。

第二天，我仍然坚强地开始了新的一天……"

还有一个同学说，他第一年考取了中国政治大学哲学系，离他心中的理想目标——南开大学只差4分而错过。虽然心有遗憾，但他觉得能接受现实。开学那天，爸爸妈妈陪着他去报到。他们提前两天出发，想先在北京游玩两天。他们逛了故宫,去北京大学看了看,还采购了必需的生活用品……当时他没有什么特别的情绪。可是第二天,正办理入学时,他突然跟爸爸妈妈说:我不想在这儿上学,我要复读。

复读的一年,他放下所有压力,全力以赴,他无比勤奋,因为这是他自己的选择……

最终他如愿考入理想的大学……

同样是讲述读书的经历,一个人说的是自己读书时家里如何穷困,读大学时勤工俭学的不容易,但仍坚强地积极面对人生;另一个人说自己考入了一所不错的大学,但不是最理想的目标,去报到时,一瞬间他心有不甘,主动选择复读,寻求改变,表现了他内心的不服输,最终如愿考入理想大学。类似的人生经历,选取讲述的角度、细节不同,表达效果也不同。

学会选取故事素材之后,怎样才能讲出一个好故事呢?

(三)介绍几种讲故事的方法

讲故事的时候,怎么讲比讲什么更重要。听起来吸引人的好故事,多是运用了一些讲故事的方法和技巧。

1. 设置悬念法

设置悬念是很古老的讲故事技巧之一,目的是在整个讲述过程中,始终牢牢抓住听众的注意力。有的人小时候很喜欢听人讲传统评书,像《岳飞传》《水浒传》《夜幕下的哈尔滨》等,说书人把这些评书讲得充满悬念,每一章节结束的时候,说书人多会设置一个大的悬念,让你听得心里痒痒,很煎熬地期盼下一次的开讲。

下面这个故事就是用悬念开场的。

夜深了,家里爸爸妈妈都不在,只有小女儿一个人。这时候,电话铃声突然响了起来。小女儿接起电话,是妈妈的声音:"女儿,千万别打开爸妈的卧室门,千万别打开……"然后电话就挂断了。小女儿自己一个人非常害怕,他觉得卧室门后面好像有些什么。强烈的好奇心和对于黑夜的恐惧驱使她走向了父母的卧室,她拉开了房门……

小女孩会看到什么呢？悬念有效地把人们的心吊起来了……

其实答案很简单，当小女孩打开门的一瞬间，就被迎面而来的生日蛋糕和蜡烛惊异到了……

2. 精心铺排故事情节

故事必须包含情节，否则构不成故事。讲故事跟讲事情不一样，讲故事是描述某一场景，通过刻画人物心理，肢体动作，人物的表情、神态等复杂情节完成对人物命运或事件的叙述；而讲事情是概括地说话，几句话便可说完。比如单位领导开例会，布置工作内容或活动安排，就是最典型的说事情。

好故事需要精心铺排情节。如果故事讲得像白开水，平淡无味、平铺直叙，听者马上走神了。但如果你懂得把故事的内容设置得错落有致、详略得当，有跌宕起伏的情节，表达上有笑点、有泪点、有共鸣点，就会比较吸引人。

笔者看过陶峻的《演讲的逻辑》一书，其中提到一种讲故事的方法，即"故事中要有事故"。是说在讲故事的时候，必须要呈现变化，而故事中需要的"事故"有什么要素呢？可以归纳为"冲突""意外""悬念""压力"等。

（1）冲突：人物发生冲突，事件发生冲突，甚至心理发生冲突。好故事一定要具备冲突点，比如主人公在行动中遇到障碍，要解决问题，发生了一连串的事情，最后再来到故事的结尾，讲完故事要扣住主题、升华观点。

（2）意外：即听众的"预期之外"，事情发生意外，人物发生意外。

（3）悬念：设置悬念，目的是激发听众注意力，让他们听下去。

（4）压力：什么压力以及人物在压力下的选择，用于深化、凸显人物的性格。

以这些要素为起点来准备你的故事，并发挥你的创造力和天赋，就会打造出你专属的故事。

3. 讲述故事要有画面感

好的故事要给人一种看"视频播放"的感觉。让人一边听，一边能在脑海中构建出相应的画面，让人产生身临其境的感觉。比如你说"这个菜很辣"，别人听了不会有明显感觉，因为你说得不够具体。如果你说"这个菜太辣了，

当众表达能力训练

辣得我的口腔都要变成火山口了,哇,随时要喷出火来",这种说法就能让人感受到具体的画面。

画面感其实是帮助听众感觉他不是在听别人的故事,而是身处于故事中的环境里,感同身受地理解故事主人公的想法和行动。

产生画面感的主要方式就是调动五大感觉:视觉、听觉、嗅觉、味觉和触觉。学会运用"画面五觉"会让你的故事更加精彩。

下面这段下雨的场景描写就很好地运用了"画面五觉"。

> 天空一片灰蒙蒙的(视觉),空气里混杂的潮湿和灰尘的味道不断刺激着我的鼻腔(嗅觉),让我原本就脆弱的鼻黏膜感觉更加不适。"轰——",伴随着一声闷雷(听觉),密集的雨点犹如敢死队员一般笔直地朝着大地俯冲下来(视觉),把地面砸地啪啪直响(听觉)。地表的灰尘和泥土颗粒被雨点冲刷开来(视觉),泛起一股淡淡的土腥味(嗅觉),但还没扩散开来便又被接连不断的大雨砸回地面(视觉),再闻不到腥气,空气里只剩下潮湿(嗅觉)。

人物的行动描写会经常用到画面塑造的方式。
例如一个人描写一场乒乓球赛中的发球:

> "他发了一个旋转球,让人看得眼花缭乱。"

一句话就描述完了。再看另一种描写:

> "只见他高高地将球抛起,眼睛死死盯着,球接触球板的一瞬间,他手腕轻轻一抖,脚一跺,球高速旋转着,向这边飞来,让人看得眼花缭乱。"

画面即刻灵动丰富起来。

> A:刘警官拿着枪紧张地蹲在墙角,手表指针指向11:50,马上就要到和嫌犯约定的时间了。
>
> B:刘警官蹲在墙角,手里紧紧握着手枪,手心不知何时沁出了薄汗,他低头看了看手表,额头上的一滴汗珠顺着耳边滑下,滴到已经因为

汗水而贴在脖子上的警服上。手表指针指向11：50，马上就要到和嫌犯约定的时间了。

上面这两段话表达的是相同的场景，第一段直接用"紧张"二字表达刘警官的状态；第二段则用刘警官的神态、动作来表达他的紧张，画面感更强些。

另外，善于运用对话，可以使故事里的人物更加鲜活；且心理描写也是塑造人物常用的手法。这些手法都是辅助增加画面感的表达方法，在讲故事的时候，都可以尝试着运用。

4. 突出重要细节

"细节决定成败"，要讲好故事，一定要有生动的细节。

细节容易调动人们的情绪，细节可以真正打动人心，会给听众留下深刻印象。朱自清的散文《背影》，全篇上下没有一句"父亲我爱你"的字样，但是字里行间，让你满眼看到的都是父爱：

> 爬上月台时臃肿的身影、给儿子写信时深情的笔触、黑布大马褂、藏青的棉袍、蹒跚的脚步……

从这些细节中，你是否也看到了自己日益衰老的父亲呢？动人的细节会给人强烈的共鸣感。

网上有一篇署名为"御前带茶侍卫"的文章，题目是《第一次喝汽水》，作者写了他小时候家里非常穷，没有钱买汽水喝的故事。他写道：

> "每次看到同学捧着汽水瓶子大口大口往下咽的时候，我的喉结也会跟着一上一下地耸动。"

后来，他终于用了好长好长时间攒够一瓶汽水的钱。第一次喝汽水的刻骨铭心，他是这样描述的：

> "我端详了老半天，才小心地拧开了盖子，慢慢放完瓶中的气体……我先是轻轻抿了一小口，小到仅够润湿我的双唇，这样是很难体味出汽水真正的滋味的，反复几次后，终于下定决心猛喝了一大口，然后含在嘴里，徐徐地往肚子里咽，仔细体味那份冰凉和酸甜。无须闭上眼，我就能

感受到一股凉凉的、甜甜的仿佛带电的液体越过喉咙，穿过食道，欢快地钻进我的胃里，刺激得我全身毛孔都收缩起来，最后嘴里只留下一股麻麻的感觉，心里则是多到快溢出来的满足……

估摸着也快上课了，我拧紧了盖子，看了一眼汽水瓶子，还有几乎一整瓶，那所谓一大口，说到底还是不舍得放开胆子喝，生怕一口就吞没了。我又小心翼翼地把汽水瓶子塞回书包里，回到教室，埋头写起了作业。

下午放学后，我背着书包回到家……我又一次小心地拧开了瓶盖，这次怕妈妈发现，时间有限，我抓起瓶子就朝肚子里一阵猛灌，不承想，只刚两三口就被噎得停了下来，打了一个长长的嗝。也正是这个时间，我突然想到，好不容易买了一瓶汽水，就这么被喝光太可惜了，看看瓶子还剩下不少，想必灌点水进去，味道也是一样的。

我立刻跑到井边，打了一桶水上来，用小瓢慢慢灌进汽水瓶子，直至灌满，尝了一口，感觉十分满意，虽然味道淡了一点，但是口味还是不错的，还是那么甜甜麻麻的，最重要的是，瓶子又重新变得满满的了，我好像买到了一瓶永远喝不完的汽水，高兴之余，我又猛灌了几口。

接下来的事情就不用想了，我就蹲在井边，边喝边往瓶子里灌水，汽水味道越来越淡，但是我每次都是只喝一点儿就开始灌水，所以这个变化并不怎么明显，再加上我后来又放了点儿糖进去，所以一直都觉得味道挺好的，喝到最后实在喝不下了还剩下半瓶左右，我藏在了床下边，留着准备第二天继续喝。

只是，天不遂人愿，那天晚上我喝生水太多了，一口饭都没有吃，晚上又着凉了，当天夜里就拉起了肚子，一晚上跑厕所七八趟，最后发起高烧，整个人都不清醒了……

就这样，那天我只买了一瓶汽水，却喝下了3瓶生水，即使后来因此生病打了针，也没舍得扔掉那剩下的半瓶子味道已经很淡了的汽水……

这段文字的细节描写，有没有触动到你，有没有共鸣之处？

讲故事时，抓住细节，会给听众留下深刻的印象，更能凸显主题，触动听众的心灵。

5. 讲述中融入情感

融入情感能把故事讲得更出彩。当你的所思所想跟故事的内容一致时，你的讲述会给人真实、生动的感觉。在电影《肖申克的救赎》里，因犯德瑞曾经有过三次假释申请的机会。我们来看看，每一次讲述的时候，他的语言和神情都有什么变化。

在第一次申请假释时，警官问："你被判无期徒刑已经20年了，你悔过自新了吗？"德瑞说道："真的，我敢说我已经完全改变了。上帝为证，我不会危害社会。"然而警官却毫不留情地在他的假释申请表上，盖了"不予假释"的印章，驳回了他的申请。

10年之后，德瑞又得到了一次假释的机会。

这时警官问他："你被判无期徒刑已经30年了，你悔过自新了吗？"德瑞答道："是的，确实如此，老实说我已经改过了。上帝为证，我不会危害社会，我完全悔过自新了。"如故，警官再次驳回了他的假释申请。

又过了10年，德瑞再一次得到了申请假释的机会。

警官问他："你被判无期徒刑已经40年了，你悔过自新了吗？"

这时德瑞说道："悔过自新？我不懂这是什么意思。我知道你们是怎么解释这个词的，但对我来说那是个不存在的词。我后悔犯罪吗？没有一天不感到后悔，我后悔不是因为我在监狱服刑，也不是因为你们觉得我应该后悔。每当我回首过往，看到一个愚蠢的年轻人犯了可怕的罪行，我都很想和他谈谈，想让他有一些判断力。告诉他正确的方向，但是我做不到，那孩子早就不在了，只剩下一个糟老头。我只能这样活下去。"

听到这番话，警官被打动了，于是批准了他的假释申请。

为什么德瑞第三次的讲述会让警官批准他的假释申请？

因为德瑞前两次的回答都说得太官方，警官无法从中获知他内心的真实想法。而第三次回答，则包含了德瑞要表达的观点、情绪和感受。当警官听了这段故事般的描述时，自然就会被当中渗透出来的情绪所感染，明白德瑞真的知错了。

(四)如何提高讲故事的能力

1. 锻炼讲述故事

我们要有意识地去锻炼讲故事的能力。

选一些经典的哲理故事、爱情故事、名人故事、励志故事、童话故事、经典的笑话故事等。先记住故事的大概内容,再用自己的语言讲述出来。然后与原故事内容比较,在其基础上,再重新组织语言,不断加工,加工后的故事要符合自己的语言风格,使其更加生动有趣。

(1) 刻意练习:你可以先选一些故事每天练习讲述,在开始的时候,先刻意练习讲好一个故事,再把一个故事讲20遍,远比把20个故事各讲一遍好。但不要做简单的重复,每一次都要有所进步。

练习时,先不要急着背稿,而是要反复读顺畅,再练讲,把注意力放在语气、语调、停顿等地方。讲述故事时,不仅需要语言流畅,而且需要加入与内容表现一致的表情、动作、神态,故事发展到危急紧要的关头,语速要快,语气要紧张,手势干脆,神态严肃;而故事讲到安静抒情时,则应该放缓语速,语气平和,手势温柔,神态轻松……循序渐进地练习,对于提升我们的表达能力、语言组织能力都会有很大的帮助。

(2) 模仿练习:可以在互联网上找喜欢的讲故事大师去模仿,或在互联网上找一些优秀的讲故事视频进行模仿练习。

一些演讲家、评书和单口相声演员都是讲故事的高手,我们可以反复看他们的视频,模仿他们讲述中抑扬顿挫的语调、表情和肢体动作,提高自己的表现力。

(3) 复述练习:可以复述别人讲过的故事,力争复述完整,声情并茂,这样可以训练自己的表现力和记忆力。

2. 从日常生活中积累故事

上学或上班路上看到了什么,等电梯的时候发生了什么故事,小区散步看到了什么……从自己日常生活中的观察开始,有意识地去积累听到、看到、想到的故事,然后把积累的故事讲给身边人听,可以从1~2分钟的小故事开始讲起。讲亲身经历、亲眼所见的故事需要自己组织语言，要讲清时间、地点、环境、人物、事件（起因、经过、结果、自己对事件的感受、评价等）、细节等，把这些要素交代清楚，听者才更容易懂得其中的逻辑关系，故事内容也会更丰富、更完整。

还要多听演讲，多读书，多看视频资料、电影或者电视剧，然后把自己最喜欢或者最受感动的片段讲给他人，注意观察听者的反应，你讲到哪里他们入了神，讲到哪里他们分了神。试着去分析这些故事是怎么铺排情节的，是怎么安排逻辑顺序的，这方面的经验积累多了，你自然会积累很多故事素材，并提升讲故事的能力。

二、调动肢体语言，让身体也会"说话"

> 美国著名的身体语言专家帕蒂·伍德说：一个人要向外界传达完整的信息，单纯的语言只占7%，剩下的93%分别由声调（38%）和肢体（55%）等信息来传达。
>
> 哈佛礼仪客座讲师格吉尔也说：在人类的心理活动中，表情最能反映情绪的变化，面部表情是一种"世界语"。

很多人在当众讲话时，经常站在台上手足无措、面部僵硬，只是机械地用嘴叙述内容，整场讲话枯燥无味且充满尴尬。

有人说：我的内容准备好了，我的声音也不错，只是不知要如何调动肢体动作。在当众表达中，肢体语言会有多大的作用呢？

（一）肢体语言的重要作用

在当众讲话中，有些人更多地将注意力放在了语音与内容上，忽视了身体语言的作用。其实，如果做一场轻松愉悦的讲话，我们除了通过"用嘴巴说"来传递信息以外，还可以用我们的肢体语言传递情感和表达真实想法。通过各种肢体语言，也能达到影响和支配听众的目的。

孙中山先生总结演讲经验时，特别强调要练姿势。他说：

"身登演说台，其所具风度姿态，既须使全场有肃穆起敬之心；开口演讲，举动格式又须使听者有安静祥和之气，最忌轻佻作态。"

所以，孙中山先生经常对着镜子练姿势，直到自己满意为止。

恰到好处地运用肢体语言，能帮助表达者突出重点，使语言变得有感情、更生动，更富有吸引力和感染力，表达效果比单纯凭借声音叙述更有特色，所以我们需要了解自己习惯性的肢体动作，需要学习运用恰当的肢体语言，进一步提升我们的表达能力。

通俗来说，肢体语言是指人的面部表情、身体姿势、肢体动作和体位变化所传递的信息。

有一次，演员何冰在跟观众分享演技的时候说：假如这场戏需要演员把自己身处室外寒冬的"冷"演出来，不能只用嘴嚷嚷说，"好冷呀！"这时候更需要演员用动作演出"冷"来。那么，想要演"冷"，动作上是"取暖"的，比如"搓手"或者"跺脚"。观众看到演员的这些动作，就会感受到这是大冬天，是够"冷"的样子！

人们通过肢体动作，能传递信息，人肢体动作会说话，这就是人们的肢体语言。

肢体语言表达的意义比声音语言更丰富、更真实可靠，因为声音所表达的各种信息，大多经过了人的理性思考和总结加工，是有意识的存在；而肢体语言通常是一个人下意识的举动，大多是一种无意识的自然动作，所以它很少具有欺骗性。

心理学家说：别人有没有对你撒谎，看他的身体语言就知道了。在日常生活中，每个人都有自己习惯性的动作，这些动作无形中会把我们的内心暴露给他人。

例如：当两个人在交谈时，一方有意回避目光交流或者低头，或者明显将头偏向一侧，就可能说明这个人在说谎。因为一个人不坦诚时，面对别人审视的目光，他会感到不安和紧张，不敢正视对方，这样恰恰暴露他说谎了。

但也有一种情况，就是我们在不自知的情况下，做了一些不合时宜的动作，给对方发出了跟自己的本意完全不同的信号。

有一次，小张在总结发言，说到最重要事情的时候，她用余光看到同事小李一直在抖腿，还打了个哈欠，他抖腿的动作加上他那神情，好像在说："你说的这是啥呀，你说得不咋样！"

其实，同事小李是习惯性地抖腿，他不自觉地抖腿，在小张的眼里变成了挑衅。如果你问小李，为什么在别人发言的时候抖腿，他可能会说："我，抖腿了吗？我都没有意识到。"

俗话说："站有站相，坐有坐相"，指的就是在不同的场合，每个人都要管理和使用好自己的肢体语言，要使用符合社会规范的各种身体语言，使身体语言社会化。

例如：播音员播音时的肢体最基本的要求是保持挺拔的站姿或端正的坐姿。因为录制节目的时候，摄影机会全程拍摄下来，播音员坐姿不好，从镜头上看，就像"趴"在桌子上，看上去没有一点儿精神。如果是坐着主持节目，播音员最好坐在椅子的前1/3处，同时腰部要挺起来，这样看起来才不像含胸驼背。

人在站立的时候要注意展肩，不能抱肩膀，不能斜视他人。总之，凡是让人看上去不够礼貌、不够优雅的身姿，都不要出现。

由此，我们要了解肢体语言，知晓自己习惯性的肢体动作，在当众讲话中，学会让肢体语言为自己的形象和表达加分。

（二）公开场合正确使用肢体语言

在公开场合，有三个方面的肢体语言需要我们尤其关注，分别是手势、眼神、身姿和步伐。接下来重点说一说这三个方面的肢体怎么做最合适。

1. 手势

（1）手势动作的部位。

在日常生活中，我们说话的时候会不自然地用到手势。有些时候手势代表着信息。

比如你走进领导办公室，他正在打电话，他用手指一指电话，竖起食指，又指指沙发，这表示的意思是：他再打1分钟就完事了，请你坐着等一下。

在公开讲话的时候，良好的手势就像武术的招式，不但能有效引起听众的注意，还能让表达丰富灵动，让讲话人魅力十足。英国学者莫里斯在《手势新探》中提出，当人们进行活生生的感情交流时，手势的重要性甚至超过语言本身。

看，历史上难忘的瞬间：

毛泽东去重庆谈判之前，在机场挥动礼帽的手势；

列宁在工人中演讲时，用力前指的手势；

丘吉尔在动员英国人民起来反抗法西斯侵略时，打出的"V"字母手势……

这些都表达了丰富的内涵。

讲话中手势的辅助性作用更多的是在表达情绪。随着情绪的起伏波动，我们的手势会自然展示。如果一个人说到兴奋的时候，还是呆板地站在台上，就显得太不协调了。

手势的部位分为上、中、下三区。

上区，手势在肩以上，表示积极向上，一般表达号召、鼓励、赞美、表扬。

如外交部新闻发言人在表达"请大家提问"的同时，伸出右手，掌心向上，位于上区，表示号召、鼓励大家提问。

中区，手势在肩与腰之间，表示一般的描述表达。一般在讲话过程中，大部分手势都在中区。

如"大家今天来到这里……"（双手，手心向上，中区）

下区，手势在腰以下，表示消极的、不好的，一般用在批评指责的时候。

如"他的行为太无耻了！"（单手，手心向上，下区）

手心向上常常表示风趣、幽默、坦诚、直率、奉献、许诺等；两手分开常表示分离、消极、悲伤；手心向外则表示对抗、分隔、矛盾或反对；握紧拳头表示团结、挑战、信心、警告等。

手势语言表意非常丰富，在此无法一一列举说明。

（2）手势的三个度（幅度、力度和频度）。

① 手势的幅度。站在众人面前表达，当主讲人用到手势的时候，一般人容易出现的问题是手势"幅度小"。日常生活中做手势时，稍微示意就可以，因为与他人交流的时候，彼此的物理距离比较近，容易看清。但是站在会场上就不一样了，当会场大、人数多时，手势要做得大气，要做出来让所有观众都能看见。当会场小、人数少时，手势要做得比在大会场上稍小一些，做太大了，会表现得与现场不协调。

② 手势的力度。公开表达的场景下，手势和动作一定要做到位，就是幅度要够，开合度要大，但动作也不能夸张，一个人在台上讲着话，突然间做出手势和动作，会给人太突兀之感。

在运用手势过程中，一定要自然、协调。初学者可以多模仿那些比较优美自然的手势，慢慢地形成自己的风格。当然，刚开始做手势时，会显得不协调，甚至有点别扭，没关系，习惯就好了。

③ 手势的频度。讲话人的手势太多，会使人感到眼花缭乱；完全不用手势，会显得局促、没有活力。手势动作只有在与口语表达密切配合，随着讲话内容、情感和现场气氛，自然地流露出来时，才生动具体。

(3) 手势动作怎么做练习。

试讲的时候，可以先录像，再复盘，看一下自己的肢体语言的表现，不协调的地方反复改正。

在日常生活中，练习手势动作最好的办法，就是对着镜子练习。在稿件熟练的情况下，面对镜子，想象着自己站在台上，这时，可以去不断尝试怎么做手势，脑子里可储存3~5个常用的手势，但是不能具体设计上台后的手势的固定动作。我们没有受过专业的表演训练，没法做到提前设计好手势动作，然后上台就能自然展示。如果事前设计好，等到展示的时候，动作很可能是僵化的。

平时我们要多看名家的精彩讲话视频，揣摩他们讲话时是怎么做手势动作的，可以模仿或借鉴。

2. 眼神

眼睛有神采，自信笃定。当众讲话时，讲话人眼神最好的状态是自如、自信、自然。

目光是气场的指针，目光指向哪里你的气场就会指向哪里，当众讲话开场之时，可以用眼神控场，引起听众的注意。

用眼神控场的方法如下。

将听众所在的区域分成左、中、右三部分，用目光依次泛视三个区域。首先，从左边区域的前部看向后部；然后，从中间区域的前部看向后部；接下来要看向右边区域，最后回到中间区域。

这时目光不是扫视，而是要把目光想象成一把刷子，从前刷到后，且眼神应该是乐观、坚定的。

讲话过程中，讲话人要善于用眼神去和听众互动，要有眼神的交流，从而增强表达的亲切感。

用眼神互动交流的操作：把听众分为左、中、右三个区域。

例如，当我们说到"今天就技能大赛问题，我将从两个方面和大家交流"时，眼神应当在说出"今天就技能大赛问题"时看向左边区域的听众,"我将从两个方面"看向右边的听众,"和大家交流"看向中间的听众。

不要按照"左中右"或者"右中左"的顺序移动眼神,那样会令听众觉得讲话人是在给他们训话。

眼神互动的交流也不应当过于频繁,过多会令听众眼花缭乱。

意大利画家达·芬奇说:"眼睛是心灵的窗户。"在这个窗户里面,人们能看到你内心的强弱和真假。在你讲话时,如果你是自信热情的、有内在力量的,并能让听众深切地感受到,那么你整个人就有神采,你的讲话就有魅力。

不管你的眼睛是大还是小,都可以让眼睛表现出神采。眼睛的神采来自我们的内心和自信。有较高的综合素质和修养、良好的心理素质、丰富的人生阅历的人,通常也会是神采飞扬的人。

当众讲话时,一定要眼睛对着观众,要敢看人,更要想看人,这是自信和真诚的表现。讲话人的眼神要在听众脸上有一个停留,不要撤得太快。曾国藩在谈选拔人才的时候曾说"目不妄动,为可靠"。当众讲话时,我们的眼睛如果游离不定,眼神在听众间转换得太快,或不敢看人脸,会让人觉得你是在躲闪、慌乱,让人觉得你不自信、不靠谱,会降低听众对表达者的信任。

"眼力"提升不是一下子能训练出来的。很多人一听说眼睛要有自信和笃定的感觉,下意识地就会马上"瞪大眼睛",这只是睁大了眼睛,却无"神"。想要有"神",眼睛要表现得明亮、灵活、焕发光彩。你可以想一想:热恋中,当你看到自己的爱人时,眼神是什么样子的;当你看到自己特别喜欢的宠物狗时,眼神是什么样子的。在这些情形下,是不是多数人的眼睛里都会有光,是一种把全身的精神头都调动起来,眼睛里有光亮的状态,这就是眼睛有光的样子。

而眼神中有自信和笃定的状态,则更多需要提高内在的修炼,丰富人生阅历。当然,也需要和讲话的稿件相结合,如果讲话本身内容就是有气势、表达正气自信的,文本内容会把主讲人的情绪带出来,让他自然地伴随文本表现出自信的气场来。

除了内在的修炼、丰富的人生阅历外,想学会运用眼神说话的办法,主要是平时对着镜子练习,揣摩自己的笑靥展魇,提高眼神的亲和力,去训练眼睛的专注度、反应速度、灵活性等。当然，这些训练有的需要借助镜子完成，主讲人可在镜子前不断地观察和调整自己。

3. 身姿和步伐

身姿，就是形体外表。良好的形体外表是一个人精神面貌的具体体现。身姿语言包括人的各种静态姿势（如站姿）和动态姿势（如走姿）等。不同的姿态可以传达出不同的信息。

（1）站姿。

正式的当众讲话基本上都是站着进行的。讲话时，首先要注意自己的站姿，应尽量给人一种精神饱满、胸有成竹的自信状态。

站姿的基本要求是昂首、挺胸、收腹、提臀、两眼平视前方。这样会表现得挺直、舒展，站得直，立得正，棱角分明，线条优美，精神焕发。当众讲话时，可以在此基础上进行调整。标准站姿如图4-1所示。

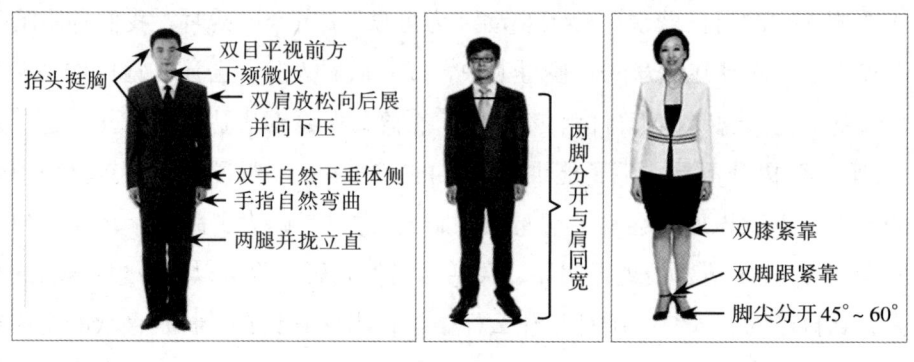

图4-1 标准站姿

站姿有三定：

定神：抬头挺胸收腹，目视听众；

定脚：双脚靠近，与肩同宽或窄于双肩；

定型：挺拔正直，五点（头、肩、尻股、脚跟、小腿肚）一线。

站姿训练的常见方法如下。

顶书训练。把书放在头顶中心，头、躯体自然保持平稳，使书不滑落。这种方法可以纠正低头、仰脸、头歪、头晃及左顾右盼的毛病。

背靠背训练。两人一组,背靠背站立,两人的头部、肩部、臀部、小腿、脚跟紧靠,并在两人的肩部、小腿相靠处各放一张卡片,不能让卡片滑动或掉下。这种方法可使人的后脑、肩部、臀部、小腿、脚跟保持在一个水平面上,坚持训练会有比较完美的后身。

对镜训练。面对镜面,检查自己的站姿及整体形象,看是否歪头、斜肩、含胸、驼背、弯腿等,发现问题及时调整。

站姿训练时,配上轻松愉快的音乐,既可调整心境,防止训练的单调,又能减轻疲劳感。

(2)走姿。

在公众讲话中,有两种情境需要用到走姿:一是登台亮相和退场的时候;二是讲话过程中为了讲解和互动的需要。

特别是出场的一瞬间,上台步伐要稳健、沉着、不凌乱,有些场合可以适当偏快25%,观众会根据你的走姿、神态来判断你是否属于重量级人物、你是否自信等。

(3)身姿和步伐的动作要与人设匹配。

有一年,在中央电视台举办的公安部春节电视文艺晚会上,董卿以跪姿采访了坐在轮椅上的"最美警察"李博亚。

《朗读者》节目现场,董卿半跪着与身有残疾的嘉宾谈笑嫣然。

这一跪,并不会显得董卿卑微,相反,"跪"这一身姿语言,以一种最普通、最平凡,也最深刻的方式,传达了她作为主持人的善意及她的修养知性,同时成就了她独一无二的优雅。

在生活中,每个人的身姿和步伐要符合最基本的"站有站相,坐有坐相"原则,要与人的身份相匹配。

仪仗兵的步态阳刚威武,主持人的步态优雅大方,模特的步态轻盈性感,商业大咖的步态干净利落,国家领导人的步态庄严稳重。

有什么样的步态,就有什么样的性格。

有些人站没有站相,走路"摇头摆尾"……给人留下一种邋遢、不干净的感觉。

当众表达能力训练

当你在公众面前讲话的时候，你想要给观众留下什么印象，你的身姿和步伐就需要依托这样的形象来设计打造。如果追求稳健，那么上台的时候就需要步伐坚定；如果想给人以活力感，那么需要设计小跑姿态、快步姿态，这样才能与人设相匹配。

苹果公司联合创始人乔布斯当众讲话的肢体语言就很有特色。

一次，在旧金山举行的发布会上，乔布斯大步走上讲台，全场起立鼓掌欢迎。乔布斯当天身着标志性高领衫和牛仔裤现身。人们注意到，虽然这位苹果"代言人"身形消瘦，但精神矍铄，他在舞台上来回踱步，推介 iPad2 的功能与特色。

有人评价乔布斯的演讲，说他气场像旋涡一样有力，他的声音、手势和肢体语言无一不透出权威、信心和能量。

自从乔布斯在苹果新产品发布会上来回踱步之后，国内外很多大家当众讲话时也效仿他，学他这种边讲边来回踱步、让人备感轻松的状态。但是，在呈现过程中，也需要注意以下几点：什么时候走，什么时候停，在台上往哪个方向走，都要和表达内容相符合。当需要展现PPT的时候，你要站在哪里，还不能妨碍到公众的视线……当我们把这些因素都考虑进去的时候，才会意识到，在台上的走和停是要进行全盘设计的。

总之，当众讲话时，听众其实不只是在听你讲，也是在看。恰当的肢体动作会为你的讲话加分，会增强你讲话的感染力和说服力，所以，你要学会善用肢体语言，让你的身体也"会说话"，为讲话增添魅力。

三、善用情感真诚打动他人

> 俗话说:"良言一句三冬暖,恶语伤人六月寒。"
>
> 表演艺术家李默然说:"演讲者不动情,听众当然不会引起共鸣。只要你真正地动情了,观众保证被你打动。不管是多大的声音,哪怕是轻微的,观众也会被你震慑住的。"

在当众表达时,有的表达者在讲话时极力渲染情绪,运用了很多抒情手段,极力贴上情感的标签,但是"真情"不是发自内心,听众并不能为之所动。

如何感动听众,使之随着表达者的喜怒哀乐而心潮起伏呢?

所谓情感,就是人接触客观外界事物所产生的肯定或否定的心理反应,如喜欢、愤怒、悲伤、恐惧、爱慕、厌恶等。心理学家认为,人的全部心理活动都离不开情感的伴随,情感犹如强大的驱动力,是人类从事认识和改造客观世界的内部力量。

在当众讲话时,饱含丰富的感情,能取得以情动人的效果。

美国前总统特朗普上台前,曾和希拉里有一场总统争夺战,希拉里和特朗普两人分别代表非常典型的"理性派"和"情绪派"演讲者。

虽然希拉里有着丰富的从政经验,演讲风格理性周密,但美国人最不喜欢的就是她演讲时过于冷静、缺乏情感,当时比较支持希拉里的美国前总统奥巴马曾忍不住调侃说,希拉里不会和年轻人打交道。与过于理性的希拉里相比，最终美国人选择了不那么靠谱，但有情绪和态度的特朗普。

可见，无论你表达的内容如何丰富，语言如何准确清楚、简洁明了，即使你的表达基本功很扎实，如果缺乏情感，讲话也只能是一堆文字语言的排列组合，很难对听众产生深刻影响，且很难打动听众。

（一）当众表达中怎样用真情打动听众

1. 要打动人心，讲述内容要真实

2009年，奥巴马担任美国总统，他在弗吉尼亚州一所高中的开学日上发表演讲《我们为什么要上学》，当时奥巴马知道现场听众不仅有初高中生，还有幼儿园的孩子和大学的学生，还包括他们的父母和背后无数个家庭。

奥巴马说："我知道对你们当中很多人来讲，今天是开学的第一天，对于那些进入幼儿园或者开始初高中生活的新生来说，今天是你们入学的第一天，因此心情有点紧张是可以理解的。我猜你们当中还有一些高年级的学生，此刻心情很好，因为还有一年就毕业了。不管是哪个年级的学生，你们当中有些人可能希望现在还是暑假，今天早晨还能多赖一小会儿床。"

大家哄堂大笑，奥巴马的讲话一下拉近了他和听众的距离，让听众觉得他很有生活感，很真实，不是高高在上的总统。接下来奥巴马讲了自己生活中真实的故事，他说：

"我小的时候一家人住在海外，我在印度尼西亚住过几年，我的母亲没钱送我上其他美国孩子就读的学校，但她格外看重我能够接受教育，所以她决定自己给我补课，时间是从周一到周五。但是因为她要工作，唯一可行的时间是凌晨四点半，你们现在可以想象，我对这么早起床很不开心，有好多次我直接趴在餐桌上睡着了……"

听到这些，人们觉得这个故事发生在每个人的家庭中，跟每个人都有共鸣，奥巴马又说：

"你们每个人都应该为自己的教育担负责任,你们的教育成果将决定这个国家的未来。作为一名学生,培养和发展自己的天赋和才智,不仅仅对每个人的未来具有重要的意义,而且将决定国家在未来应对最严峻挑战时候的表现。"

后来,这个演讲一直被反复地拿来作为激励新生成长的特别重要的内容。

2. 言为心声,真情动人

在当众表达中,表达者要用"真情"去讲述,要声情并茂、声随情走。如果表达者的讲话出自内心、发自肺腑,是自己的真情实感,就很容易拨动听众的情感之弦,和听众之间产生较强的共鸣。

在联合国教科文组织举办的全球儿童论坛上,合肥市第三十八中学身高仅为1.2米的学生姚跃以《做个普通人》为题,发表了情真意切的演讲,他说:

"今天,我们关注一切与儿童生存、教育等有关的问题,可是,有一群儿童却被人们忽视了。他们有的生活在黑暗中,有的生活在无声的世界里,有的就像我这样身高几乎可以忽略不计……

残障不是不幸,只是不方便而已……

我呼吁世界给我们提供与普通人一样的平等环境,让我们做个普通人!"

姚跃的演讲获得了巨大成功,热烈的掌声经久不息。作为残障人士,姚跃用"他们有的生活在黑暗中,有的生活在无声的世界里,有的就像我这样身高几乎可以忽略不计"来讲述残障人士的生活,表达自己最真实的感受,然后袒露心声:"让我们做个普通人!"在全球儿童论坛上,他真切地为世界上所有的残障人士发声,其肺腑之言怎能不令人为之动容?

马丁·路德·金在街头对着民众高喊"我有一个梦想"的时候,他的每一句话、每一个字都是发自内心的,他说:

"我梦想有一天,我的四个孩子将在一个不是以他们的肤色,而是以他们的品格优劣来评价他们的国度里生活……"

相信，在讲出这句话的时候，马丁·路德·金的脑海中浮现出来的一定也是这样的画面。

3. 铺陈渲染，豪情动人

铺陈是运用浓墨重彩对描写对象进行渲染、呈现、讴歌等，能产生文句上的形式美、表达上的激情美。

在当众表达中，利用铺陈渲染方法，可以为讲话的主题蓄势，可以激起听众强烈的共鸣，把表达推向高潮。尤其在表达理想、志向和成长感悟时，运用铺陈渲染的方法更能收到节奏和谐、情绪激昂、语气磅礴的表达效果，给人积极向上、气势恢宏、壮志豪情的美感和震撼，更容易以豪迈的情感和气势征服听众。

马丁·路德·金的演讲《我有一个梦想》，全场听众激情澎湃，有强烈的感染力和号召力：

"让自由之声响彻新罕布什尔州的巍峨山巅，让自由之声响彻纽约州的崇山峻岭，让自由之声响彻宾夕法尼亚州的阿勒格尼高峰，让自由之声响彻科罗拉多州白雪皑皑的洛基山脉，让自由之声响彻加利福尼亚州的连绵起伏的山峦。不仅如此，还要让自由之声响彻佐治亚州的石山，让自由之声响彻田纳西州的瞭望山。"

像这样在排比句中，感情一波一波地升起来的演讲还有：

马丁·路德·金《在林肯纪念堂前的演讲》中，时而赞美林肯签署的《独立宣言》"竖起一座光明与希望的灯塔"；时而同情"黑人仍旧在贫困的孤岛上生活"；时而讽刺"黑人满怀期望地得到的竟是一张空头期票，这张期票被签上'资金不足'的字样"；时而表态"除非平等泻如飞瀑，除非正义涌如湍流，我们是不会满足的"，处处迸发着演讲人的喜怒哀乐。

演讲最后以一连串"我梦想着"的排比段制造了一个个情感旋涡，从而把演讲推向高潮：这就是我们的希望！这是我返回南方时所怀的信念！怀着这个信念，我们就能从绝望的群山中辟出希望的宝石。怀着这个信念，我们就能变我们祖国的嘈杂喧嚣为一曲优美和谐的兄弟交响乐。怀着这个信念，我们就能共同工作，共同祈祷，共同斗争，甚至哪怕入狱。既然知道有朝一日我们终将获得自由，我们就能为争取自由共同坚持下去……

闻一多在得知李公朴被暗杀后，拍案而起，怒而发表了"最后一次讲演"。在讲演中，他用近乎颤抖的声音怒斥反动派暗杀行为的无耻：

"这几天，大家晓得，在昆明出现了历史上最卑劣、最无耻的事情！李先生究竟犯了什么罪，竟遭此毒手？他只不过用笔写写文章，用嘴说说话，而他所写的、所说的，都无非是一个没有失掉良心的中国人的话！……"

闻一多在讲出这些话时，他的胸中燃烧着怒火，事情的发展已经到了他不得不站出来发出正义之声的时候了。他的愤怒情绪也一定深深地感染了在场的人。

闻一多先生的演讲虽没有马丁·路德·金那样的铺陈渲染，但他是在义愤填膺、感情沸腾的时候愤然走上讲台作"最后一次讲演"的。通篇演讲，既有对特务卑劣行径的愤怒，也有对李先生悲惨境遇的悲哀，更有对光明前途的希望与信心，使人听了愤怒而不失理智，悲哀而又没有消沉，表现了他一腔正义的豪情。

（二）运用肢体动作、语气语调等传递情感

表达中丰富的感情可以通过肢体动作、面部表情、语调高低、语气轻重、语速快慢等为载体来表现。

中央电视台《朗读者》节目上，演员斯琴高娃曾朗读过一篇《写给母亲》，她的一字一句，都饱含深情，撼动着全场听众的心。除了朗读的内容外，她的每一个眼神、表情和声音，每一个皱眉、凝神、嘴唇的欲言又止，都深含情感和温暖。

斯琴高娃作为专业演员，她的语言表达高度普通人很难达到，但我们可以学习她发音的方法。

一是恰当地使用轻重音。当你面对公众讲话时，要通过加重语气和声调来强调和突出重要内容；不重要的内容可以轻声读。这样表达听起来就有轻有重，抑扬顿挫，富有节奏感和韵律感，会让听众觉得有层次和变化，更加生动。

二是恰当地停顿。斯琴高娃在朗读中，有许多恰当的停顿，让她的朗读饱含感情。因为这些停顿，听众才能好好去体味语言背后的那份情感，语言暂时停止了，但情绪还在空中飘荡，让人沉浸其中。

所以，结合表达内容的需要，要做出适当的面部表情、肢体语言、语气语调。例如眼神的交流，在表达的时候，用眼睛看着听众的眼睛，尽可能地跟听众之间完成眼神的交流、反馈，拉近距离。还如，可以走到听众中间去表达。这些都更利于听众把握你发言中蕴藏的情感，也使发言显得更亲切。

另外，想要表达真情实感，还要注意以下几点。

（1）熟悉发言内容有利于感情迁移。试想，发言者要是对自己将要说什么都不够了解，发言时断断续续、前后矛盾，又将如何以情动人呢？

（2）描述事情要具体。事情越具体，表达就越生动。一个具体而准确的描述会让人们更加信任你，也会让你的表达内容有一种镜头感，能把听众带入到情境中。很多时候，具体准确的描述是一种很好的铺垫，可以很自然地引出核心意义，并带有一点悬念。

（3）要饱含热情。卡耐基曾劝诫所有的演讲者："不要抑制自己真诚的情感。要让听众听到，演讲人对谈论自己的题目多么热忱，多么富有情感。"当你站在台上当众表达时，你要学会把自己脑子里的情景想象出来，然后调动它去连接和分享给别人，这样别人就好像跟着你的语言进入你的脑海世界里面，去一幅一幅地、像连环画一样地看下去，就很容易有认同感，这就是互动。

（4）控制节奏。你需要观察现场听众的反应，然后去调整自己的节奏，什么时候应该讲得快一点儿，什么时候应该讲得慢一点儿，什么时候应该停下来，引发大家的注意。

四、当众表达能力提升训练四

（一）调动肢体语言表达训练

1. 眼神训练——让眼神会说话

（1）睁大眼睛训练：有意识地练习睁大眼睛的次数，增强眼部周围肌肉的力量。

（2）转动眼球训练：头部保持稳定，尽最大的努力将眼球向四周做顺时针和逆时针的360°转动，增强眼球的灵活性。

（3）视点集中训练：点上一支蜡烛，视点集中在蜡烛火苗上，并随其摆动，坚持训练可达目光集中、有神，眼球转动灵活。

（4）目光集中训练：眼睛盯住3米左右的某一物体，先看外形，逐步缩小范围到物体的某一部分，再到某一点，再到局部，再到整体。这样可以提高眼睛明亮度，使眼睛十分有神。

（5）影视观察：注意观察和体会优秀影视剧中的演员和节目主持人是如何通过眼神表达内心情感的。

2. 面对镜子，运用语言和手势进行表达

"理想就像灯塔一样指引着我前行"（单手，手心向上，上区）；

"我想，你一定能完成这项任务"（单手，手心向上，中区）；

"愤怒的人们将会把他牢牢地钉在耻辱柱上"（单手，手掌向下斜切，下区）。

还可以多看一些演讲视频，看看别人是如何运用手势语的，并进行模仿学习。

3. 练习站姿

用后背靠着墙,练习站姿,每天坚持5~10分钟,用镜子看站姿是否挺拔[五点(即头、肩、屁股、脚跟、小腿肚)一线],目光是否坚定,表情是否自然放松。

(二) 表达训练

编写、讲述故事《我最难忘的经历》。

(三) 反复诵读

反复诵读马丁·路德·金的演讲《我有一个梦想》,感受文章的感染力和号召力,读熟之后,可以选取精彩片段进行训练讲述。

第五章

表达场景

当众表达场景有很多，针对当代人的表达痛点，即兴表达尤其重要。本章选取了日常生活常用的倾听与表达、自我介绍、即席发言、讨论、辩论等场景，总结出当众表达中常用的应对策略，助力表达者精进表达，自信地把握关键时刻，呈现精彩自我。

一、倾听与表达
——听明白，才能说清楚

> 哲学家苏格拉底曾说："自然赋予人类一张嘴，两只耳朵，是要我们多听少说。"
>
> 著名学者查理·艾略特说："专心致志听别人讲话，是完美表达的第一步，同时是对人的最大尊重。"

"这件事是我的错，我是有原因的，因为……"

"打住，我没有那么多工夫听你的因为……"

生活中，当你说的话没有被人认真地听，当你倾诉心声却没有人理解，你的心情会怎样？

（一）学会倾听

1. 听明白，才能说清楚

有人说，表达不就是"怎么说话"吗？只要把"怎么说话"学好就可以了，表达和如何"听"有什么关系呢？

其实，"会听"对表达来说非常重要。只有听明白，才能知道自己接下来怎么说，才能说清楚。

你也许会说："会听还不容易吗，只要有耳朵就会听说话。"这种说法是片面的，我们来看一个小故事。

唐代时有一位公主听大师讲道，听着听着，她就心不在焉了，在鸟儿的鸣叫声中，她发起呆来。

大师见状便问她："你是用什么来听外面的鸟叫声？"

公主说："用耳朵。"

大师接着问："死人也有耳朵，为什么听不到鸟在叫呢？"

公主说："我知道了，人是用灵魂来听的。"

大师又问："睡着的人也有灵魂啊，为什么听不到鸟叫？"

公主想了半天，终于明白：原来"听"是需要用心的。

由此得出，倾听不仅需要用耳朵听、用眼观察、用嘴提问、用脑思考，更要用心感受。

这里所说的"会听"，指的是"倾听"。

"倾听"和一般的"听"是有区别的。一般的"听"是人类天生的本领，不需要进行特殊学习，因为正常人一生下来就能够听声音。但如果你只是用耳朵接收各种声音，没接收到信息，只是被动地无意识地听，像"一听而过""左耳听右耳冒"，就只能是"听"，而不是"倾听"。"倾"字表示身体向前斜着，"倾听"是用肢体语言表示关爱与注重；是用尽全力认真地听取，是集中注意力，主动地获取信息；是积极、有意识地听，并且在沟通中，能够理解对方的感情和内心的真正需求。

如果不会"听"别人说，就谈不上快速反应，更不能很好地回应。你一定有过这样的经历：在听老师讲课、跟朋友聊天或开会的时候，如果三心二意、没有用心听，就很容易跟不上对方说话的内容和思路。当别人向你发问或者需要你表态的时候，就没有办法做出相应的反应，不能给出令人满意的回答，甚至所答非所问，导致场面很尴尬。

不会"听"会带来很多麻烦。现在一些企事业单位招聘，常会采用如下面试形式：

让面试者按照一定的规则，自由组织讨论，面试官就坐在旁边，观察每个人的表现。这时候面试者即兴表达的能力很重要，面试者要在没有事先做充分准备的情况下，适度展示自己。有的人为了引起面试官的注意，会在讨论中多说话，甚至抢话、打断别人、不注意倾听别人的观点、盲目

当众表达能力训练

地主导讨论进程。面试者这种只关注自己该怎么说，没有过多关注和倾听别人意见的表现，在面试官那里一定是扣分项。

事实上，在关键的场合中，一个人"会听"比"会说"更重要。先倾听别人，能体现你的素养，如果你本身不擅长说话，倾听可以掩盖你的弱点；倾听还能激发对方说话的欲望，让你发现说服对方的关键点；倾听能够拉近你和对方的距离，让对方觉得被尊重；倾听会让你获得友谊和信任，还能帮助你获取更多的发言素材。所以多倾听，找准时机再说，成功的概率会更大。

下面来看一个关于戴尔·卡耐基的故事。

有一天，戴尔·卡耐基去纽约参加一场重要的晚宴，在这场晚宴上，他碰到了一位世界知名的植物学家。戴尔·卡耐基从始至终都没有与植物学家说上几句话，只是全神贯注地倾听这位知名植物学家介绍有关外来植物新品种的许多实验。

晚宴结束以后，这位植物学家向主人极力称赞戴尔·卡耐基，说他是这场晚宴中"能鼓舞人"的一个人，更是一个"有趣的谈话高手"。其实戴尔·卡耐基几乎没怎么说话，只是让自己细心倾听，没料想却博得了这位知名植物学家的好感。

这个故事表明，在讲话中，我们首先得学会倾听，要鼓励别人多谈他自己的事，而不是让别人只听你滔滔不绝地说话。

当然，"会听"并不是一件容易的事，尤其是在参加应聘、竞选、答辩中，你本来就紧张，还要在倾听中留意别人说话的内容，理解对方的意思，克服周围环境的干扰，克服自己内心的偏见，这种"会听"确实对人是一种考验。

那么，怎样做到会听呢？

2. 倾听的基本原则是听完整、听明白、听深入

① 听完整。就是要耐心地听，把讲话人表达的内容从头至尾地听完，没有遗漏，不断章取义。不随便打断对方的讲话，不随意不恰当地改变话题。如果突然想起一件事或一句话，不要打断对方或改变话题，你可以先记下来，等到合适时机再说。不要急着作判断，更不要凭主观臆断。

② 听明白。就是要仔细地听，集中注意力，听清讲话人的语音、语调、语气等。正确把握讲话人所传递信息的内容主旨，准确地筛选重要信息或概括信息，分辨语境中词语的意义。如"这种食物可以治（致）癌"，究竟是"治"还是"致"，倘若听得有误，语意差别可就大了。

③ 听深入。就是要积极地听，既要对得到的信息做出积极主动的心理反应，也要仔细注意对方的非语言行为，更要善于发掘话语的隐含信息，听懂言外之意、话外之音。如："你发财了，恭喜你了！"这一句，也许是亲朋好友来真心祝贺，也许是来借钱的，也许是某单位来拉赞助的，也许是无聊者来讨请客的……究竟说话者是什么目的，要根据讲话人所处的语境来正确判断讲话人所要表达的信息。

（二）倾听的技巧

倾听是一种技能，口才是一种才能，我们练习当众表达要先练倾听。在日常生活中，我们的"听"不能仅仅满足于"听清楚"，还要做到"会听""善听"。如何才能做到"会听""善听"呢？

1. 善于捕捉讲话人话语中的关键信息

"关键信息"是指讲话人话语中的关键字、关键词及关键句子。抓住了这些关键要素，就抓住了讲话人话语的主要内容。但是，如果只抓住这些关键信息，也不等于抓住了话语的内涵和讲话人的说话意图。俗话说："听锣听声，听话听音。"有的人说话直言不讳，言明意显；有的人话中有话，有弦外之音、言外之意。我们只有善于捕捉话语背后的潜台词，听出话中话，才能真正明白讲话人的真实意图。

（1）抓住注意力最重要。

要捕捉讲话人话语中的关键信息，倾听时的注意力非常重要，要积极、专注、耐心地倾听。

在开始倾听之前，我们先要调频，就是把自己的注意力调整到倾听对方讲话上，调到最佳的专注状态，跟对方同频，集中精神，并耐心地倾听，才能接收到对方的信息。

当众表达能力训练

比如学生上课，上课铃声一响，老师一走进教室，学生马上就要放下手中正忙的事，把注意力切换到听老师讲课上。老师所讲内容是老师把对知识的理解，通过语言的编码传递出来，学生需要把这些语言解码成自己可以理解的内容。如果在倾听的时候，注意力不集中，心不在焉，就会出现解码错误，无法正确理解或产生误解，甚至完全听错。

在倾听过程中，达到专注的状态还要排除各种干扰因素。

一是排除自身思绪的干扰：如果别人说话的声音不好听、态度很强硬、长得不好看等，这些会让你觉得心里很排斥，让你的倾听感觉也不够客观；或者对方总是用同一个口头禅，你的关注点就会落到那句口头禅上，反而忽略了对方话语中的关键信息。

二是外部因素的干扰：现在人人都有手机，手机上有微信、各种自媒体APP、各种办公软件的信息推送、各种群信息、公众号新闻、聊天框信息等频繁地跳出，都在分散我们的注意力。注意力不集中会影响到我们深度沉浸思考的能力。而倾听不仅仅需要注意力集中，更需要注意力深度沉浸，只有深度沉浸才能听进去、听明白、听深入。所以，在倾听时，我们要主动意识到干扰因素的存在，进而时刻提高注意力，排除各种干扰因素，这样会让倾听变得准确、高效。

（2）倾听还需要有耐心。

不要对方还没说完话，就粗鲁地打断对方，过早地下判断，耐心是倾听最基本的要求之一。

在第二次世界大战期间，美军遇到了一个危险的任务。司令官布莱德召集手下进行列队，说："有哪位愿意承担这次任务的，请向前走两步。"就在这时，一位参谋请布莱德紧急地处理一份战报，等他处理完，发现长长的队伍仍然是一条直线。布莱德愤怒了。他大声地说："难道没有人愿意吗？"这时有一个士兵说："报告司令"，布莱德立刻打断他说："闭嘴，你这个懦夫，现在情况紧急，竟然没有一个人站出来。你们的勇气呢？"布莱德生气地把所有的将士都训斥了一顿，现场的气氛非常紧张，这时先前说话的那名士兵再次报告："司令，请您听我把话说完，其实我们刚才每个人都向前跨了两步，所以，仍然是一条直线。"布莱德听完这话，羞愧难当，久久地处在沉默当中……

有了注意力和耐心，会听重点、听关键词就很重要了。

下面说说倾听关键词句的三种方法。

第一，我们要特别注意说话人的第一句话和最后一句话。这种方法很适用于开会、听讲座、听演讲等说话结构比较完整的场景。第一句话和最后一句话往往是一个人讲话的核心内容。第一句话会提醒你他接下来讲什么主题，最后一句话常常是对讲话的总结和提炼。抓住了第一句话，就知道对方接下来要讲的方向；而抓住了最后一句话，能够帮你理解别人说话的完整意思。因此抓住头尾，就能更容易、更快捷地把握讲话人表达的重点。

第二，抓住讲话的关键词句和转折词后面的内容。对方反复强调的关键词句往往就是他讲话的重点，顺着他讲话的思路仔细听，抓住重复出现的关键词句和转折词后面的内容。通常情况下，转折词前面说得再多，都不是重点，重点在转折词的后面。当讲话人说"但是""可是""然而""不过""却"这样的转折词的时候，你就要竖起耳朵听，后面才是重点。

> 老师说："咱班的王兰，学习上是很用功的，挺能吃苦，做事情也踏实，人比较稳重。不过，她跟人沟通的能力好像有点儿小问题……"

我们来看，不管前面说了多少话，"不过""但是"这些转折词的后面，才是讲话人真正想表达的重点。当然，有时候人们说话比较委婉，可能没有转折词，但他的重点依然是在有转折意味的后半句上，要听懂弦外之音。

> 如果领导说："小李，你最近还好吧，是不是天天陪孩子学习，总熬夜，压力比较大？这几天你上班来得都比较晚啊。"

这一句，领导说话的重点是关注小李最近陪孩子学习压力大，还是关注他最近老迟到？如果错把前一句话当作领导表达的重点，小李可能会说：

> "没事儿，为了孩子，应该的。"

或者说：

> "我是压力挺大，不过我适应了。"

这样没有回应到领导关注的重点上，领导会认为他没有意识到自己的问题。如果小李意识到领导关注的是他最近老迟到，领导这样说话只是委婉地给他找了台阶，他就可以这样说：

"领导，我是有一些压力，不过我能克服。不好意思，最近家里正赶上有点儿别的事儿，还好忙过去了，从明天开始，我一定准时上班。"

可见，在倾听的时候，抓住关键词以及转折词后面的重点，能把握住对方话里的真实含义，才能做出正确的回应。

第三，认真听，积极思考，适时对自己提问。倾听者因为不需要去主导话题，很容易陷入被动接收的状态。思维的活跃度和反应速度都会降低，影响信息接收的效率。所以倾听中，倾听者不仅要把注意力放到对方讲述的内容上，还要积极思考，在内心适时保持疑问，让自己主动且积极地融入到对方的讲述中。倾听中可以试着问自己：

他为什么要这么说？他的中心意思是什么？
他讲了几方面内容？他说话的依据是什么？
他接下来还会说什么？

通过这样的提问，来让自己始终与讲话人保持同步，也会让你比其他人更快地吸收和理解讲话人的核心内容，在你需要做出回答的时候，反应就会比别人快、比别人精准。即使有时对方表达的深意可能你没想明白，但只要你用心记下来，用心揣摩，慢慢就会明白他的言外之意了。只要多用心体会和总结，你倾听的能力就会越来越强。

2. 要善于观察讲话人的肢体语言

肢体语言是讲话人表情达意的辅助手段。心里想什么，有时会不自觉地通过面部表情、眼神接触、手势、站立姿势等肢体语言表露出来，肢体语言大多数情况下是潜意识的。有些普通的肢体语言符号甚至能抵得上很多话语。

在一个很严肃的面试场合，小苏正在紧张地做着准备。这个面试要综合考评一个人的人际关系、沟通技巧、职业素养，最强调的是客服方面的能力。在小苏前面面试的是一个漂亮的姑娘，那个姑娘非常智慧，但是表现并不好，她语言不多，而且身体语言一点儿也没为她加分。她握手时只用指尖轻轻一握，和面试官基本没有眼神交流。

小苏之前那个漂亮姑娘的肢体语言细节"只用指尖轻轻一握"，似乎流露出一些傲慢，感觉对面试大局有充分把握。如果是"手掌相触"的握手方式，会更让人觉得诚恳而且心胸开阔。

相比之下，小苏在面试时，身体语言就很适度而且丰富，表现得很谦虚，这一点会让她在面试中大占优势。

倾听时，我们要善于借助讲话人的肢体语言，把握讲话人话语背后隐含的信息，来领悟讲话人真实的说话意图。

当然，倾听者也要利用神态和肢体语言，比如点头或者摇头，给讲话人以回应；再比如盯着对方，身体前倾，表现出很明显的在倾听的感觉。用肢体语言表达出你在倾听，能鼓励讲话人高效讲话。

3. 要善于揣摩讲话人的语气语调

同样的一句话，讲话人语气语调不一样，所表达的意思也会截然不同。比如说"你真能干"这句话。如果讲话人用陈述的语气和感叹的语调，把重音放在"真"字上，其想表达的就是"肯定、赞美"的意思；如果讲话人用疑问的语气和质问的语调，把重音放在"干"字上，其想表达的就是"怀疑、否定"的意思。所以，倾听时，要注意从讲话人说话时的语气语调上去体会话语的含义。

4. 要善于结合说话前后的语言环境

倾听，就是别人说，我们听。说者有意，听者有心，但是，这样不代表听者都能听清楚、听明白说者的话。因为说话是在一定的语言环境中进行的。一句话离开了具体的语言环境，可能有多种含义，一旦放到一定的语境中，其含义就较明确了。听话时要想听明白、听深入，就要善于结合前后语境，去理解话语的意思。

这里我们来介绍一种"确认法"，这种方法适合在讲话人表达的内容比较零碎的时候使用。

比如你跟领导汇报工作，随后领导针对你的汇报提出意见。为了保证领导的指示经过你的传达不走样，最好的方法是把领导说过的话，以确认的方式复述一遍。怎么做才能让领导觉得，你只是在确认他的话，而不是简单地复述他的话呢？你可以这样说：

"领导，您刚才说的内容，我都用笔记下来了，我想跟您确认几个核心内容，您看我这么记录，对不对？"

在你复述之前，跟领导说的这句话，给领导的暗示是：我听领导讲话是很用心用笔记录的，而不是用耳朵听的。我想跟你确认几个核心内容，而不是你说的我没听清楚。

"您看我这么记录，对不对？"言外之意，我如果有记录不对的，你可以再告诉我一遍对的是什么。

这么做的好处是：你在复述的时候，把自己听到的内容梳理一遍，同时让对方重新理顺一遍，有时对方还可能从你的复述中发现自己表述的错误，可以及时更正。所以，跟领导确认的话术是：

您刚才说的内容，我都用笔记下来了。
我想跟您确认几个核心内容……
您看我这么记录，对不对？

如果是在公司会议上，你的同事对某个项目提出了创意和想法，之后同事要求你对他的项目介绍发表看法，你可以这么说：

"你的创意特别好，我做了一下笔记，我来说一下，你听一听是不是这三个特点，然后咱们再商量一下措辞，看看怎么写进材料里。"

首先，你对于同事的创意和想法表达出积极的肯定态度，这么说，一方面是认可同事，另一方面是鼓励对方，因为你的鼓励，他会特别积极地、认真地听取你为他总结的三个特点。

其次，"你听一听是不是这三个特点……"他的发言说得琐碎，没有头绪，你作为听众，把他琐碎的内容进行了整理，还用了非常合适的三个关键词去做了概括。这些都让他为你的真诚感动，参与讨论的同事也会注意到，你帮助他理清了内容，你的总结提炼能力很棒。最后你说：

"咱们再商量一下措辞，看看怎么写进材料里。"

凭你的能力，写进材料里这项工作你完全可以独立完成，但是当你把"商量"这个词一说出来，无论是当事人还是其他同事都会感受到你做事很周全，为他人考虑，共情能力强。

总结一下，跟同事、朋友确认的话术：

××的想法特别好，我已经记下来了。
我再来说一下，您听听是不是这几点？
咱们再商量一下，后面怎么办？

"确认法"是以一种请教的方式，让讲话人帮助你去确定核心内容的倾听方法。

（三）学会说话

说话是用语言来表达思想。"一个会讲话的人，不是记得别人说过话的人，而是能说些让人记得的话。"

说话的基本原则是简明、连贯、得体。

① 简明。就是用语简洁明白。要用尽可能少的语言，传递尽可能丰富的信息，并且消除歧义，达到尽可能高的准确度和理解度。具体而言，简洁是指用较少的话语，把主要的意思说出来，不重复，不啰唆。说话要简洁，必须围绕中心，抓住要点，把必要的叙述和概括结合起来，删除冗余信息。明了，就是表达清楚，语意明确、易懂。首先是语音准确规范，要用国家通用的普通话交流，字音清晰、语调得当。其次是意思明确，如"这份报告我写不好"，不同的停顿有不同的语意。一种是"这份报告我写/不好"，表达的是不赞成自己写；另一种是"这份报告/我/写不好"，表达的是这份报告自己写没有把握。

② 连贯。指能够调整语句之间的顺序，注意前后照应和衔接。说话前，要考虑说话的中心，理清思路，考虑话语怎样开头、怎样结尾、中间怎样展开，做到胸有全局。说话时，要言之有序。整个说话的过程，要针对听者的接

受心理，按照轻重缓急安排好先后、处理好详略。同时，说话无论长短，叙述的角度要一致。只有保持叙述角度的一致，语句之间才能连贯。

③得体。指能够恰当地使用语言，符合语境和语体的要求。

一要看对象说话。同样意思的话，由于对象的性别、年龄、民族、受教育程度等不同，说法就要有所区别。例如，"祝贺生日"这件事，对儿童，可祝他健康成长；对青年人，可祝他永远年轻、有活力；对老年人，则可祝他永远健康。

二要看场合说话。俗话说："到什么山唱什么歌"，说的就是要注意在不同的场合说不同的话。场合有庄重和一般之分、有喜庆欢乐和悲痛沉重之分、有正式和非正式之分等，在不同的场合下，同样的话可能会产生不同的效果。

三要注意用语的表达方式。比如，出于不同的目的、处于不同的场合，要注意不同语言特色的把握；又如，借助恰当的修辞手法，能增强语言的感染力；再如，恰当地运用体态、表情等也可增强说话的表达效果。

（四）说话的技巧

说话，是一种艺术，要讲究一定的技巧。

俗话说："良言一句三冬暖，恶语伤人六月寒。"要想把话说得人人爱听，不仅要做到说得对、说得清，更要做到说得好、说得巧。说得好、说得巧，就是要讲究说话技巧，追求说话效果。这就要求讲话人对说话的对象和语言的形式进行研究，选择得体的语言、语调、语气及说话的切入点。

说话得体就是说话要以适度、适当为原则，做到适时、适情、适势。怎样才能做到适度、适当呢？一般需要注意以下几点。

1. 要看对象说话

不同性格、不同年龄、不同修养的人，说话的形式、语气、语调等都不一样，对说话习惯、措辞方式、言语形式的要求也不一样。因此，即使说话的内容是一样的，对不同身份、不同心境、不同职业、不同性别、不同性格、不同受教育程度的说话对象，也要选择不同的说话形式、措辞方式，使用不同的语气、语调。

比如一个人口普查员问一个农村老太太:"有配偶吗?"老人愣了半天,然后反问:"什么'配牛'(方言读òu)?"普查员不得不再解释:"就是老伴儿。"老太太笑了,说:"你说老伴儿不就得了,俺哪懂得你们文化人说什么'配牛'呢?"

这个普查员就犯了说话不看对象的错误,引起误会,闹了笑话。

2. 要看场合说话

场合有庄重与一般、喜庆与悲伤、欢快与沉重之分,有家人与外人、熟人与陌生人之分,有适宜多说与不宜多说之分。因此,不同的场合要说不同的话,甚至同样的话在不同的场合下,说话形式、措辞方式及语气语调都会不一样。

我国一位民间人士参加一次国际会议,受到外国友人的隆重接待。宴会上,这位人士开始的一番话受到东道主的称赞:"先生的口才真好,你可以当外交官了。"这种场合下,他只要回答一句"谢谢"就可以了。而这位人士却忽略了所处场合的严肃性,说了一句很不协调的幽默话:"你这话很对,我是应该做外交官的。而我没有做,这是我国外交部的一个失误。"这句话立即使在座的外国友人和当地政府人员愕然失色。

在如此严肃、正规的场合拿外交部开玩笑,不仅不幽默,反而使对方很尴尬,你看,这种话语在此处显得很不得体。由此可见,语境的把握和选择,对讲话人来说很重要。

3. 说话时要注意恰当地使用表情、手势等肢体语言

肢体语言在沟通中具有举足轻重的作用,可以传递许多信息。比如:一个面带笑容的演讲者,更能获得观众喜欢;在交谈时一个坚定的眼神,能给对方一种无法抗拒的魅力,也能给人一种不可阻挡的锋芒,会让对方更加信任你,感受到你的真诚。一名出色的讲师、一名知名的谈判高手、一名具有影响力的商人,在谈话时都会伴随着不同程度的肢体语言,并且伴随着语言的重要程度,肢体动作也会发生微妙的变化。合理运用肢体语言,能让谈话更有层次感,更能获得对方的认同。

4. 要注意说话时的声音、语气、语调，尽量做到和气和谐，富有节奏感和音乐美

你是否有过这样的体会，如果有人把一种主要意见用诚挚而令人感动的语气对你说出来，你的心里就不易产生相反的意见。

说话的重音不同，表意也就不同，如：

"您放心吧，一定可以解决。"

这句话重音可以有五种，分别可以放在"您""放心""一定""可以""解决"上，这五种不同的重音读法，有不同的重点。"您"，强调的是说话的对象，让对方感觉到在讲话人心中的重量；"放心"，是一种宽慰、对对方的一种安抚；"一定"，是一种承诺，是对这种承诺履行结果的肯定；"可以"，也是一种肯定，让对方放心，给自己一个回旋的余地；"解决"，是对事情结果的承担，也是讲话人对自己的一个允诺。同样一句话，我们用不同的重音，就会有不同的表达意义。

当然，说话时还可以借助恰当的修辞手法，增强语言的感染力。

二、自我介绍
——展现与众不同的自己

> 自我介绍，展现你的与众不同，让别人在最短的时间记住你。
> 自我介绍很重要，比自我介绍更重要的是成为更好的自己。

一到开学季，一到新环境、新团队，我们总免不了要进行自我介绍，通常要简略地说明自己的名字、性格、兴趣爱好等基本情况，例如：

> 大家好！
>
> 我叫周泰，周围的"周"，"泰"泰山的"泰"，今年15岁。我来自第五中学，非常荣幸有这样的机会，加入到我们这个大家庭。相信在我的努力和大家的帮助下，我一定能快速适应新环境，与大家快乐学习和生活，今后，请大家多多关照！

这些是大家再熟悉不过的自我介绍模式。

自我介绍是人生中使用频率较高的一种表达场景。

每个人一生中会遇到众多的社交场合，要做无数次的自我介绍：与陌生人打交道，到新团队、新环境，社交活动、竞选、求职面试、考研面试，甚至相亲……都少不了做自我介绍。自我介绍常常是和别人交往的开始，是给他人留下的"第一印象"，对自我形象塑造有持久的影响，如果没有把握好，和别人继续交往的机会可能就没有了，更会错失某些机会（如重要的求职、考研面试、相亲等）。成功的自我介绍能让人了解你、熟悉你、支持你、选择你。

自我介绍并不是简单地包装自己然后呈现的过程，而是对自己的过往经历进行梳理，是发掘自我、不断整理自我、认识自我的过程，它能帮助你厘清自己的现状及未来目标，知道自己对别人有什么价值。成功的自我介绍，不但能够恰当地展示自己的价值，而且能反映出自己的当众表达能力，能和他人进行匹配和连接，迅速建立良好的人脉圈。

自我介绍的基本要求是：内容客观真实、语言简洁，态度落落大方。

自我介绍并没有标准的模板。在不同场合下，依据不同的目的，自我介绍有不同的要求。介绍者先要明确自我介绍的对象，自己通过介绍想达到的目的，以及是在什么场合做介绍。

在求职面试、演讲或竞选活动等场合，对自我介绍的要求更高一些。内容上，力求介绍得全面、充分、重点突出、富有个性；除了介绍一般情况，还要涉及兴趣、爱好、性格特点、专业特长等。形式上，力求活泼新颖、语言流畅生动，幽默诙谐，塑造一个坦诚自信、机敏洒脱、受人欢迎的美好形象。

很多人为了一次重要的自我介绍，要准备很多天。其实，自我介绍的准备要看场合、看自我介绍对自己有多重要；不重要的场合，就不需要花太多时间准备。很重要很正式的场合，就要精心准备，因为越短的语言越难组织。

（一）与众不同，才能被记住

要在短时间内与人快速地建立关系，打造一个吸引人的自我介绍无比重要。它能迅速拉近你与他人的距离，让人对你印象深刻。如何让这种自我介绍别具一格，不显得千人一面呢？

1. 了解听众

自我介绍不能单纯从自身的角度出发，先要了解听众是谁、听众关注什么，以听众熟知和喜欢的方式有特色地介绍自己，给人留下一个深刻的印象。

2. 开头出彩

开口三句话很重要，能体现出讲话人的思想高度、亲和力、表达力等综合素质。大多数人向别人介绍自己时，都先从问好、表达心情和介绍名字开始。要根据场合确定好语气和语调，开头要精彩。

介绍名字时，人们常用的一种方法是：先解释名字中的字，再给自己的名字赋予积极的意义。比如：

大家好，我叫张胜，张弛有度，胜券在握。

大家好，我叫吴熠晴，口天"吴"，熠熠发光的"熠"，晴天的"晴"，如果记不住，请叫我"吴疫情"吧，希望我们的世界再也没有疫情。

大家好，我叫韩梅，韩愈的"韩"，梅花的"梅"，我向往古朴的中华文化，也愿做一朵傲寒于风雪中的梅花。很高兴认识你们，以后还请大家多指教。

介绍名字时，语速要慢，语气加重一下，以便让人能听清晰。

介绍名字还有很多方法，比如讲讲名字的来历、创编一个关于名字的故事、谐音法、与名人挂钩法、与地名挂钩法等。网上能搜到很多这类的介绍，这里就不展开说了。

3. 给自己定位或找亮点

如果你想被人牢牢地记住，自我介绍中除了介绍姓名、籍贯、职业、兴趣爱好、简单的经历等基本情况外，还要根据不同的场合及听众需求，讲讲自己的亮点或成就。或者讲述的方式与众不同，也算是亮点。

如李嘉诚在一次演讲前对自己的介绍，他说：

"我是李嘉诚，12岁就开始做学徒，还不到15岁就挑起了一家人的生活担子，再没有受到过正规的教育。当时自己非常清楚，只有努力工作和求取知识，才是我唯一的出路。我有一点儿钱都去买书，记在脑子里面，才去再换另外一本。到我今天来讲，每一个晚上，在我睡觉之前，我还是一定得看书。知识并不决定你一生是否有财富增加，但是你的机会就更加多了，你创造机会才是最好的途径。"

太多的人都知道李嘉诚，在这个不算正式又简单的介绍中，他很低调。他的起点不算高，学历也不高，从学徒到首富，他之所以能够成功，"努力工作和求取知识，才是我唯一的出路。"话语朴实又震撼人心，能引起人们的回味。

相声大师马三立说：

"我是一匹马，而且是一匹用三条腿站立的瘸马。"

他用的是图画法介绍名字，很幽默，用名字勾出了一幅画面。

我是中央电视台《今日说法》和《开讲啦》两个节目的主持人撒贝宁。

我从1999年1月2号《今日说法》开播到现在，一直参与电视节目的工作，已经有15年了。在这15年当中，我的两个节目，其实真是道出了咱们主持人工作的特性。

在这15年当中，我深切地发现，在这个主持台上，主角永远不是我，主角是那些真诚的面孔，是那些深厚的人生故事和最明亮的智慧。所以，我和何炅一样，我们要用更多时间去做好一个桥梁，做好一个传递者，把更多人生故事和大家分享。

主持人撒贝宁在一个较为正式的演播中,把自我介绍与工作关联,既突出了自己,又体现了工作性质,"做桥梁""做传递者",还宣传了电视栏目。

自我介绍的目的是让别人记住你,自我介绍体现着你的综合素质,要突出特色,特色也一定要和听众有关。

一个与众不同的自我介绍,能快速让人记住你。

(二) 自我介绍常见的误区

第一,过分强调自己的名字。

名字对别人没那么重要。别人只有在对你产生了兴趣且你讲的内容有价值,你的价值吸引了他时,你的名字才重要、才有意义。其他表现都会根据这种价值感水到渠成。

第二,太在意自己的口音、站姿、手势、服饰的状态。

当你关注外在表现的时候,只会更加紧张和不自信。给大家举两个著名的演讲人的例子:

尼克·胡哲(见图5-1),他没有胳膊和腿,但他用一个上肢杵在桌子上,一样也能发表很感人的演讲。

图5-1 尼克·胡哲

还有一个人,就是世界激励大师约翰·库提斯(见图5-2)。

约翰·库提斯是一名澳大利亚残疾人,出生的时候身高只有可乐罐那么大。他没有腿,没有肛门,身患癌症,受尽歧视和折磨,但他取得了板球、橄榄球教练证书,他能开车,能

图5-2 约翰·库提斯

游泳、潜水，能溜滑板，能打乒乓球、打网球，他在世界各国进行了无数次的演讲，激励了无数的人。

不要太关注外在，只要内容吸引人，就能引起人们的共鸣。

第三，避免书面化。

针对重要的自我介绍场合，人们会提前准备好稿子，然后背出来。但其实人的口语表达和书面表达是两个难以跨越的语言体系。书面上写出来然后再背，会让人有"做作"的感觉。

第四，具体表述，不要概述。

"本人性格开朗，稳重，待人热情真诚，工作认真负责，积极主动，能吃苦耐劳，善于与他人合作。在实习期间积极参与社会活动，做过志愿者……"

这样的自我介绍，只是概述，没法让人对你的个人能力有所了解。句句是空话，没有具体的内容。如何用具体的事情来介绍自己。比如：

"我在实习期间参加了心理援助和疫情防控公益活动，承担了心理广告宣传制作和核酸检测的组织工作，其中，我做了大量活动策划、媒体报道、组织群众有序核酸检测等工作。您看，这是由我负责制作的海报（展示海报），这是由我负责对接的媒体报道（展示链接），这是我参加疫情防控工作的相关视频和图片……"

介绍个人能力要说具体的事，让面试官看得清清楚楚、听得明明白白，而不是概括介绍。

第五，不要做流水账或简历式的自我介绍。

流水账或简历式的自我介绍不能突出个人优势。

小李和小周是学习导游专业的大学同学，二人都很优秀，并同时应聘一家公司的文秘工作。人事经理看了简历后，难以取舍。于是邀约两人面试。

在自我介绍时，小李就只简单地介绍了一下自己的年龄、毕业学校、所学专业、家庭情况和性格，并表达了自己对这个职位的期望。

而小周是这样说的：

"我的自然情况简历上介绍得比较详细了。在这儿我强调三点。第一，我的英语口语不错，曾利用假期做过导游，带过欧美团。第二，我的文笔较好，曾在××报刊上发表过6篇文章。第三，我能熟练地使用各种办公软件，我的行政和文秘课的成绩都是优秀。"

最后，人事经理录用了小周。

（三）工作场合的自我介绍

工作场合的自我介绍，通常目标明确，重在信息交换而非情感交流，因此要求开门见山、简明扼要。工作场合的自我介绍一般包括本人姓名、供职单位及部门、职务或从事的具体工作等。如：

"你好，我叫张强，是×××商贸公司的销售经理。"

"你好，我叫张玉晟，我在×××大学中文系教授外国文学课程。"

在求职面试、应聘、竞选等较正式的工作场合的自我介绍，通常有1~3分钟的时间限制。怎么能在这么短的时间内打动人心，和听众有良好的开局，让自己快速被人记住呢？

下面以求职中的自我介绍为例，通常需要按照下面的步骤进行。

（四）求职面试中的自我介绍

求职面试或应聘等重要场合，要把自我介绍做得比通常的模式更好一些，不同的求职场合，面对不同的对象，要做出个性化的自我介绍。

1. 了解听众——用跟听众相关联的内容做开场

要搞清楚你的听众是谁，求职面试的观众是面试官，求职者事先不太可能了解面试官的个性、爱好、需求等情况，那就去了解提供面试岗位的公司的情况：

如公司的背景、性质、现状、对职位的要求等。因为面试官重点是考察求职者与岗位的匹配度、胜任度和工作态度。

在面试的自我介绍中，面试官最在意的是求职者为什么要应聘这个岗位，求职者对自身的介绍、评价与岗位要求是否吻合。

2. 有重点——依据岗位明确目标、设计内容

面试一定是针对某个岗位而来的，面试的目标很明确，就是证明你是这个岗位的最佳人选。求职者要根据应聘岗位来设计自我介绍的内容，不需要你把从小学到当下的个人履历（关于姓名、教育经历等信息）进行宣读，面试官可以在简历上一目了然地看到。你需要做的是以岗位能力为依托，突出与应聘职位相关的信息，有针对性地把自己的个人能力与应聘岗位紧密结合，分析自己与岗位相关的优势，找到最适合应聘岗位的一面，给自己一个恰当定位，恰当包装自己，并展现出来。求职者不需要把所有的能力都讲到。

如：你面试的是律师岗位，面试官不需要知道你琴棋书画样样精通、唱歌跳舞拿到了校园大赛第一名等，这些和应聘岗位关系不大，这就好像面试官只想吃西红柿炒鸡蛋，你偏偏把酸菜炖粉条给他，自然是不合他的胃口了。

与岗位无相关性和弱相关性的信息，即使是你引以为豪的优势，也不是介绍的重点，要忍痛舍弃。

3. 有条理——自我介绍的逻辑结构

求职者一定要认识到，很多时候面试成功的关键在于表达。面试官在面试考核中很大程度上会考验面试者表达的逻辑能力，求职者要将自己想要表达的内容有逻辑、有条理地说清楚。通常可以将整个自我介绍框架分成"开头、主体、结尾"三段式。

（1）三段式。

① 开头部分。面试中的自我介绍时间较短，求职者最好直接入题，先问好、介绍姓名等基本情况，再报出应聘岗位等。

② 主体部分。重点介绍自己的专业背景，与应聘岗位相关的工作经历、优势经验、特长和成绩，也可以加入相关的兴趣爱好、优秀性格、职业素养等。

③ 结尾部分。表达自己对工作的期望和展望，并表达能做好这份工作的态度和决心等。

下面是一名朋友的孩子面试时的自我介绍文案：

各位面试老师：

上午好！

我叫×××，河南郑州人。非常荣幸有机会能够参加今天的面试，我想应聘电商软件研发的岗位。

我于2020年毕业于×××大学，电子信息工程专业，本科。我性格开朗，爱好广泛，喜欢读书和运动。大学实习期间，我参与了实习单位人力资源管理系统的开发，实习成果获得实习单位高度好评。

大学毕业后，我任职于×××公司，担任软件开发工程师一职，在职期间，我主要负责电商活动相关的项目研发，对线上问题处理、性能调优等问题都有自己的理解，对行业相关业务的研发设计流程也十分熟悉，我还独立完成了×××公司网站、×××在线咨询系统等项目，这些工作也培养了我细心、专心的工作态度，以及缜密的思考力。

我希望以后能在这方面继续发展，在职业规划上，我希望可以在电商软件工程师的岗位上继续深耕。我非常喜欢软件开发工作，我觉得每当开发出新作品时，会有一种像创造了生命一样的感觉。了解到贵公司电商软件研发的岗位正在招聘，各方面都符合我对未来的发展规划。

如果有幸能加入贵公司，我会发挥之前的经验和优势，非常努力地学习，踏实工作，希望自己能获得此次机会。谢谢！

这份三段式面试的自我介绍就很好，求职者介绍了自己的基本情况，并结合具体的经历，阐述了自身优势和亮点，表达了求职动机，体现了求职意愿，逻辑结构很清晰。像这样用具体的事实来表述，也有说服力。

除了开头、中间、结尾这种三段式介绍结构，人们常用的还有顺序模式、重要模式、创意模式等结构。

(2) 顺序模式。

顺序模式是指按照人们认识事物及规律的顺序。如时间顺序就是按照时间顺序来介绍，比如介绍自己的个人实践经历，有人会从大一开始说。如果使用倒时间轴来介绍更好。倒时间轴，就是介绍的时候，从现在往过去说。有人还喜欢用"首先、其次、最后"这样有逻辑顺序的词语连接句子来做介绍，我们来看看至今让笔者记忆犹新的撒贝宁在中央电视台举办的"荣事达杯"电视节目主持人大赛中的自我介绍：

> 各位好，我是49号选手撒贝宁，来自北京大学法学院，但是我选择做一名主持人而不是律师。不过我觉得他们的差别也不大，首先，大家的工作都是说话。其次，现场的嘉宾就是我谈话的对手，但是他绝对不会像对方律师一样动不动就站起来跟你急。最后呢，就是都有观众，不过作为律师啊，现场旁听的人里面可能有人会恨你；但是做主持人吧，估计是没有什么机会招致愤恨，不仅如此，我还希望大家喜欢我。

撒贝宁首先抓住了自己的文凭优势，"北京大学法学院"，实力名校，专业含金，吸引大家关注。转而着重介绍自己要做主持人而不是律师，结合其所学的法学专业，让人疑惑。然后他介绍了主持人和律师的共同点，在短短的几十秒内，解释得明明白白，他用了"首先、其次、最后"的顺序词，条理清晰，使得整段话连接性更强烈、更完整。顺序模式让表达更有条理。

（3）重要模式。

比如介绍自己的社会实践时，经历的大平台说在前，重要工作说在前。如"大学期间，我在中央电视台、人民日报、字节跳动平台都实习过"，把在这些平台的实习经历往前放，然后把在一些小公司实习的经历往后放。最好是时间越靠现在，平台越重要的说在前。这样，既考虑到"倒时间轴"，又考虑了实践经历的重要模式。

（4）创意模式。

如"我的经历可以用3+2的模式来说明，3代表的是学位，2代表的是工作"。然后分别介绍自己三个学位的内容，获×××学士学位，获×××硕士学位，获×××博士学位，再具体说明这些学位与目前所要应聘的岗位的关系。

从大学毕业一直到跳槽来到面试的这家公司，他之前做了两份工作，这些工作跟自己应聘岗位有关联的内容也进行了介绍，这样介绍，构思新颖，逻辑清晰。

总之，求职面试自我介绍的结构无论是采取三段式，还是采用顺序模式、重要模式、创意模式等，自我介绍都要体现自己与岗位的匹配度，强调自己的优势，重点突出，条理清晰，同时保持谦虚谨慎的职业态度。

三、即席发言
——抓住就是机会

> 万物互联时代，即席发言无时无处不在，它每一次出现，都是一次重要机会的降临。

（一）即席发言的定义

即席发言也叫即席讲话、即兴发言。指在特定的场合，即席讲话人事先未做准备，或没有充分准备，或被临时邀请，或受某种场合激发，由他人提议，或自己认为有必要，而临场做的简短发言。可以说，即席发言是临场因时、因事、因情、因景、因人而发，借机而发的当众表达方式。

即席发言的特点是临场性、针对性、简洁性。临场性是说即席发言必须靠临时准备、临场发挥；针对性是说发言的内容被限制在特定的范围内，显示出鲜明的针对性；简洁性指即席发言常以言简意赅显出其力度。因此，发言者必须通过快速的思维，组织起连贯的语言；发言者需要思维敏捷，反应迅速，能够出口成章。可以说，这种不假思索的即席发言，比经过长时间精心准备才能登台更为重要。

你知道麦肯锡公司的"30秒电梯理论"吗？

"30秒电梯理论"指麦肯锡公司要求公司的每一个业务人员，必须有在30秒的时间里向客户介绍方案的能力。如果在电梯偶遇到最大的潜在客户，可能是他平常不可能约见到的人，机会一瞬即逝，该如何抓住？此时，业务人员要有能够直奔主题、用最简短的话概括出最重要的内容的即席表达能力。

现代社会，组织越来越扁平化，优秀的各行业精英、领导人都逐渐融入到各种场景中，跨部门、跨层次的交流机会变得越来越多。比如现在企业里，员工随时会碰见董事长；在校园里，师生随时会遇到校长，甚至各种场合中的会议发言、课堂上的一次讨论，每一次这种即兴讲话的瞬间，都是表达自我、输出观点、输出影响力和领导力的机会，所以即席表达能力尤其重要，其中一个机会抓住了，就有可能带来命运的转折。

（二）没有完美的即席表达

有人一听到"即席发言"四个字，可能心里立刻就一哆嗦，不仅普通人对即席发言存在恐惧感，就是那些以说话为主业、擅长言辞的主持人、播音员等，在录制节目的时候，如果突然听到导播让他们即兴组织1~2分钟的串词，他们同样会心惊肉跳，很是紧张。

于是，有人产生误解，觉得即席发言首要问题是会克服紧张、恐惧的心理。但其实，人们即席发言时会紧张、会恐惧，是因为对于发言的场合和内容没有事先的预测和准备。当有机会即席讲话的时候，人们不敢开口，能躲就躲，不自信，不敢讲。怕当众讲砸，怕因此丢脸，怕被嘲笑、被质疑。再深入一步，人们真正恐惧的不是讲砸，而是自己没有能力面对讲砸的状况。

当然，还有一些喜欢追求完美的人，期望自己即席讲话的表现，能跟事先有准备、写好稿子的发言一样，达到内容充实、结构精巧、逻辑严密、词句精妙，这是典型的认知误区。

如果你一定要用有准备的讲话标准来要求自己的即席发言，一定会给自己增加不必要的负担；并且有准备的发言又会过于刻板，过于字斟句酌，也会减弱说话的魅力。相反，正因为即席讲话不可能像有准备的讲话那样精心设计、反复修改，讲得不够完美恰恰是即席讲话的魅力所在，能展现出讲话人的真情实感，若讲得好，更能够脱颖而出。

在即席讲话中，讲话人很容易低估自己的表现，别人对他的评价往往比他的自评要高。学生在课堂上经常练习即席发言，当他们讲完之后，教师会采用量化打分的形式，让每名学生都给讲话的同学打分，也让讲话人自己打分。结果普遍是：讲话学生给自己打的分数往往比台下听讲同学打的分数低。笔者的一名同事也有这样的经历：

> 她读大学时，一次上"文学概论"课，老师提前布置了一项活动：让每一名同学结合自己对当时所讲章节内容的理解，讲10分钟的课。为了这次课，她准备了一周时间，当轮到她讲的时候，她很紧张，准备的稿子没有讲完，虽然课顺畅地讲完了，但好多她自认为精彩的语句并没有讲出来，她自己觉得讲得很糟糕、很失败。可是同学和老师却都说她讲得好，最后，她没想到自己讲课的分数还排到了全班的第二名。

上述情况不是我们对自我的要求比别人对我们的要求高，而是在当众说话、即席说话这件事情上，人们普遍会低估自己的表现。

在即席说话中，还有一种现象，就是听众很容易忽略讲话人出现的小差错。比如讲话人讲话过程中会出现一些错句病句、用词不当，或者有点儿啰唆、口误现象，可是听众却都不会太关注，因为听众都知道，讲话人没有演讲稿，不可能字斟句酌。所以，在即席讲话中，我们要接纳自己，认识到不会有完美的即席表达，也没有完美的自己。

（三）如何做好即席发言

一个人要做好即席发言，需要在内容和心理等方面做好准备。

第一，明确即席发言的目的是什么，围绕目的，依据对听众背景和需求的了解来确立表达的中心内容。必须快速地想好自己要说些什么，明确自己的立场、观点和态度。

即席讲话的背景一般是可以预先获知的。对于表达者来说，有明确发言目的，才能依据听众需求，选择一个比较好的角度来展开话题，话题尽量要牢牢抓住现场的气氛特点，在观察现场情况、品味会场气氛、揣摩听众心理的基础上加以确定，话题力求有新意。

第二，要从实际出发，为发言寻找一个切入点。

明确了中心、观点以后，最好举例说明问题，可以增强说服力。

有一名演讲者在题为《诚信无价》的演讲开头，这样说道：

> 今年1月，电视台在国际新闻中介绍了一位112岁的法国女人瑞的故事。当她90岁时，有律师想要她的房产，许诺每月付给她2500法郎的生活费，不料这一付就是30年。
>
> 直到这位继承人去年去世，老太太还健在，而律师付出的90万法郎，足够买三四套那样的住房。于是，不少法国人把这个故事当作笑话讲，以讽刺律师"贪小便宜吃大亏"的赔本交易。
>
> 然而，我倒不觉得有何可笑之处。一个人在已经知道判断失误的情况下，仍能继续信守诺言，把契约坚持到死，保持个人的信誉，并把它看得比金钱更重要，这不正好说明了诚信无价的道理吗？

这里举了律师和法国老太太之间发生的一个很典型的个案，人们当它是笑话。然而这个笑话却引起了演讲者的思考，并由此发表精辟的议论，引出"诚信无价"的观点。真实又生动，这种举例增加了表达的吸引力和说服力，观点独特，令人深思。

第三，要有精彩的开头和结尾。

即席发言的开场要精彩，精彩的开场能立即让听众产生兴趣。什么样的讲话内容能让听众有浓厚兴趣？简单来说，就是能让听众确信你讲的内容与他们相关，这些内容能给他们带来价值，同时你表达的形式新颖有吸引力。由此，当众即席表达的开头最好是干净利落、直接入题。当然，也可以根据当时的场景、情景、表达的主题等方面来设计开场白。

下面来看一下几种常见的当众表达开场白的方法。

（1）提问法开场。

开场先提出和演讲主题相关的问题，从而引出主题内容。

> 如："同学们，当前我们大学生求职出现了前所未有的困难，原因是什么呢？是我们国家的人才太多了吗？是我们学的东西过时了吗？还是我们的思维不再符合社会需求了呢？面对这么多的问题，我们这些即将走出校门的大学生又如何应对呢？"

这是一名学生在演讲《走出误区，实现人生价值》时的开头，一连串的问题瞬间紧紧抓住观众。

又如："各位企业家，您有没有过这样的困惑，团队效率越来越低，而客户的流失却持续增加。如果我现在有种方法，能够让您在三天内客户数量增加5000人以上，您想不想了解一下？"

这种提问的信息要与听众、场合相适应，同时讲究内容的合理性和确定性，要使听众感到新鲜、出乎意料，能吸引听众注意力，激发其主动思考，而且要与后面阐述的问题联系紧密，巧妙自然地引发出演讲的主体内容，让听众的思路跟随表达者层层展开。

（2）渲染情景开场。

创造适宜的环境气氛，引发听众的感情，引导听众很快进入演讲主题的开头方法。例如恩格斯《在马克思墓前的讲话》的开头：

"三月十四日下午两点三刻，当代最伟大的思想家停止思想了。让他一个人留在房里还不到两分钟，等我们再进去的时候，便发现他在安乐椅上安静地睡着了——但已经是永远地睡着了。"

这个开头，只用短短的两句话，便渲染了庄严、肃穆、沉痛的场景，把听众引进了对革命导师敬仰的气氛之中，利于听众很快进入演讲要展开的正文之中。

（3）用数据或事实开场。

用惊人的数据或事实开场，可以牢牢地吸引听众的注意力。

你们知道吗？据数据显示，目前，中国自闭症患者已经超过1000万人，其中，男性患者是女性患者的5倍以上，而且，这个数字还在不断上涨中……

这场心理专业讲座的一开场，演讲者就抛出一组超出听众预期的数据，唤起听众的注意力，听众心里就会想"是真的吗？这么严重！有什么解决办法呢？"

又如，一个关于"跑步"的话题，这样开头：

"我们都知道锻炼身体有助于身体健康,但是如果不正确的跑步,将会对身体造成永久的伤害……"

这个话题容易吸引听众,让听众想知道哪些是不正确的跑步,它能造成哪些伤害,什么是正确的跑步……

(4)自嘲幽默式。

在一次演讲时,胡适是这样开头的:

"我今天不是来向诸君做报告的,我是来'胡说'的,因为我姓胡。"

话音刚落,听众大笑。这个巧妙的开场白既巧妙地介绍了自己,又体现了演讲者谦逊的修养,活跃了会场气氛,拉近了与听众的距离。

开场白的形式还有很多,如讲故事法、名言金句法、共做游戏法、才艺表演法、展示道具法……这里不一而足。

即席发言的结尾要强化发言的主要内容,耐人寻味。

例如,丘吉尔就任英国首相时的演说是这样结尾的:

正如我曾对参加现届政府的成员所说的那样,我要向下院说:"我没什么可以奉献,有的只是热血、辛劳、眼泪和汗水。"

摆在我们面前的,是一场极为痛苦的严峻的考验。在我们面前,是漫长的战争和苦难的岁月。

你们问:我们的政策是什么?我要说,我们的政策就是用我们的全部能力,用上帝所给予我们的全部力量,在海上、陆地和空中进行战斗,同一个在人类黑暗悲惨的罪恶史上所从未有过的穷凶极恶的暴政进行战争。这就是我们的政策。

你们问:我们的目标是什么?我可以用一个词来回答:胜利——不惜一切代价去赢得胜利。无论多么可怕,也要赢得胜利;不论道路多么遥远和艰难,也要赢得胜利。因为没有胜利,就不能生存。大家必须认识到这一点:没有胜利,就没有英帝国的存在,就没有英帝国所代表的一切,就没有促使人类朝着自己目标奋勇前进这一世代相袭的强烈欲望和动力。

但是,当我挑起这个担子的时候,我是心情愉快、满怀希望的。我深信,人们不会听任我们的事业遭受失败。此时此刻,我觉得我有权利要求大家的支持，我要说："来吧，让我们同心协力，一道前进！"

丘吉尔的演讲大气磅礴，激情澎湃，尤其是这段呼吁式的结尾，强烈激发了英国全民的战斗精神，成为英国人民战胜希特勒的精神支柱，堪称当众讲话结尾精妙处理的典范。

又如，走过半个多世纪文学之路的作家巴金，在《我和文学》的演讲中，用发自肺腑的语言，饱含深情地讲道：

"我快要走到生命的尽头了，我不愿意空手离开人世，我要写，我绝不停止我的笔……"

巴金老人对文学仍是皓首童心、情真意切，这样的结尾耐人寻味，催人思索。

第四，要善于捕捉时机，即兴发挥。

要利用现场的条件和特点，善于借题发挥，渲染气氛。

1935年，高尔基参加苏联作协理事会第二次全体会议时，代表们要求他讲话，当他上台时，与会者长时间鼓掌。高尔基灵机一动，即兴发挥说：如果把花在鼓掌上面的全部时间计算起来，时间就浪费得太多了。全场一下子活跃了起来。

高尔基借"与会者长时间鼓掌"这个情景进行发挥，渲染了和谐的气氛，让讲话也就在这样融洽的气氛中开场了。

有一次，大连星海湾国际会议展览中心举行"大干50天，确保11月底封顶"的誓师大会。仪式正在进行，坐在主席台上的星海湾总指挥老宋的座椅突然倒下，宋指挥从上面摔下来了，场面非常尴尬。

这时，正在发言的大连市市长来了段即席讲话："今天的誓师大会开得很好，大家决心都很大，摩拳擦掌，准备大干一场。你们看，你们的宋指挥已经坐不住了。望大家团结一致，50天确保封顶。"

这是一个典型的借机发挥的例子。市长抓住宋指挥从座椅上摔下来的这个触点，拓展成"大家决心都很大……坐不住了"的话题，既用妙语为老宋解了围，又顺势鼓舞了与会者的士气，这就是很好地捕捉时机，巧妙发挥，很符合当时誓师大会的情境。

第五，要体现发言者的个性特点。

发言者不要人云亦云，不要讲俗话、套话，要努力展现自己的特色。

> 美国演员珍·惠曼因在电影《心声泪影》中成功扮演一个聋哑人而获得奥斯卡最佳女主角奖，她在颁奖时只说了一句话："我因为一句话没说而得奖，我想我应该再一次闭嘴。"

这样的即席堪称妙语，发言不落俗套，又意味深长。

第六，注意克服紧张心理。

发言者一旦上场发言，就应该充满自信，临场不乱。只有有效地控制紧张心理，才能从容不迫，沉着应战。尤其是当发生意外事件时，必须具有良好的心理素质，才能随机应变，游刃有余。

> 著名主持人杨澜，曾在广州担任一场文艺晚会的主持人，上场的时候，她一下子踩空台阶，滚落到台下，这一意外事件的发生，顿时让观众哗然，有的观众还吹起了口哨。
>
> 然而，杨澜镇定自若，重新上台，然后开口说道："真是人有失足，马有失蹄啊，我刚才的'狮子滚绣球'滚得还不够熟练吧？看来这次演出的台阶不那么好下啊，但台上的节目会很精彩，不信你们瞧！"

主持人良好的心理素质，让杨澜临场从容，并利用风趣机智的话语巧妙地摆脱了窘境。

四、主动的即兴表达
——关键时刻，张口就能说

> 美国人类行为学研究者汤姆森说："发生在成功人士身上的奇迹，至少有一半是由口才创造的。"

你有没有尝试过主动去找领导攀谈或汇报工作？

在公司聚会的时候，你有主动和心仪的女孩儿交谈吗？

你有没有在公司年会的互动环节，主动上台去说几句，展示一下自己？

很多人认为，即兴讲话都是没有办法做任何准备的，是在很被动、很紧急的情况下，需要张口就能说。其实，这是一个误区。

"即兴"这个词来自拉丁文Impromptu，它的准确含义是准备妥当，就是一切准备妥当了才叫作即兴，所以即兴讲话可以是有备而来的张口就能说。

在工作或生活中，需要快速反应、快速说话的即兴讲话情况有两种，一种是主动的即兴表达，另一种是被动的即兴表达。怎样把无法准备的即兴表达变成"有备而来"呢？这要靠一定的表达技巧。下面我们先来了解一些主动即兴表达的应急策略，以提升临场表达的应对能力。

（一）主动即兴表达，抓住就是机会

主动即兴表达是指在一些当众表达的场景中，有很多机会，如果你主动开口讲话，可以更好地展示自己，当然你可以选择说，也可以选择不说。不说不

会给你带来不利的影响，但是如果你选择说，可能会抓住一次机会。

比如，在社交场合，见到新朋友，如果你主动和他们聊天，或者加入他们讨论的话题，并恰当地展示自己，会获得结交更多朋友的机会。

在参加会议时，如果你主动地发言或提问，让领导、同事、与会者能更多地认识你、了解你，会认为你对工作主动，有想法、会思考。

前文提到的在全球儿童论坛上发表情真意切演讲的姚跃同学，就是靠自己主动表达赢得机会的。

当时，联合国教科文组织决定举办一次全球儿童论坛，在全球每个国家选择一名14岁以上的青少年赴巴塞罗那参加活动。姚跃同学主动报了名，并被列为候选人。然而，全国共120名候选青少年中只能筛选1人。组织者把120人分为12个小组，每组选一名代表上台演讲。不幸的是姚跃没有被小组选上，当其他选手在台上侃侃而谈时，他坐不住了，悄悄地靠近一名工作人员说："叔叔，您能不能帮我喊一下台上的主持人？"当主持人来到他身边，他小声地对主持人说："虽然没有人推选我，可我觉得我有这个能力，请您给我一次时机吧，我会给您一份惊喜。"主持人和评委沟通以后，答应让他上台试一试。这一试，他成为中国唯一的入选者。

假如姚跃同学没有主动抓住机会来表达，会有后来他被联合国相关部门正式邀请，作为中国唯一的代表自信地站在国际论坛上成功地演讲，向全世界展示中国少年的风采吗？会有国际知名制作中心专程赶到中国为他拍摄专题片的机会吗？

所以，不要觉得机会少。其实，在生活或工作中，可以主动去表达、为自己创造机会的场景有很多。

因为主动即兴表达不是别人给我们的任务，是一个可以讲也可以不讲的选择，很多人不敢挑战自己，给自己找各种借口，能不讲就不讲。生活中很多主动即兴表达的机会，因为这样的得过且过，一次次地从你身边溜走了。

（二）主动即兴表达的准备

主动即兴表达并没有我们想象得那么难，只要掌握正确的方法，是可以讲好的。

当众表达能力训练

1. 放松心态，把负担变轻松

不要把主动即兴表达当作一种负担，而是要把它当作一件轻松、自然的事。只要你张口说了，就是在抓住机会。

你有没有过这样的经历：

> 大家一起讨论工作，你对议题挺有想法的，但就是觉得不知道怎么说，想着先听听别人怎么说吧。这时候在你的潜意识里其实就是在放过自己，能不说就不说了。没想到，别人说的想法和你想的一样，得到了一致认可。甚至，有时候他说的还没有你想说的那么周全。但是，因为这种观点启发了大家，让大家的讨论最终很有收获，领导和同事都会认为那个抛砖引玉的人作用最大。没有人知道，一直默不作声的你，曾经有一种同样精彩的观点。

2. 说话中，学会给自己"找台阶"

即兴发言中，如果你担心自己说得不够好，说得没有道理，心理负担很重，没有关系，你可以学会给自己"找台阶"。任何时候你想在朋友聊天、工作讨论或者会议上主动发言，无论是接着别人的话说，还是想开启一个新的话题，你都可以采用这种办法，就是学会给自己"找台阶"。

给自己"找台阶"，就是先要把"一定要讲好、讲得精彩"的完美包袱卸下来，然后轻松地开口说话。

> 比如，大家正在聊天，说到去张家界旅游的经历，你也很想说说自己的旅游故事，但你又怕自己讲的故事不够吸引人，你可以这么说："我不知道我的这段经历算不算很奇葩，不过我觉得特别有趣……"比如，大家正在讨论工作，你也想说说自己的想法，就可以这么说："我有一个很不成熟的想法，我说出来就当是抛砖引玉吧……"

如果你的观点跟别人的观点不同，你不想冒犯别人，你可以说：

> "我其实一直犹豫要不要说，因为我的理由好像也不是特别充分，但是我的想法是这样的……"

再比如，参加一个会议，你对会议的某个议题有自己的见解，想要分享又没有单独发言的机会，你就可以在自由提问的环节，利用提问的机会来陈述自己的见解。你的台阶就可以这么找：

"我这个问题可能问得有点不合适，我是这么想的……"

接下来你就可以放心地讲你的想法了。

这就是给自己"找台阶"的小技巧，非常好用，它就和"我有一句话，不知当讲不当讲"是一样的。先给自己留个余地，后面的话即使不够完美、不够周全，别人也不会怪罪你。

3. 提前演练，学会"过电影"

提前演练，学会"过电影"是对将要发生、还没有发生的即兴表达提前做好随机应变的预案。

在参加会议或活动之前，你想在活动上抓住机会有所表现，那首先要了解活动是什么样的场景、活动会涉及的话题、参与活动的人员都有谁。从这些方面来给自己做预案。

活动场景：这是一种什么场合，是正式的工作讨论、工作会议还是非正式的朋友聚会，会是一种什么交流氛围，是相对严肃还是轻松，自己要以什么状态来参加。

这个设计预案的过程，是你提前热身的过程，让你从心理上、精神状态上提前进入参与交流的场合。就像运动员提前热身一样，可以帮助你用最适当、最恰当的状态进入第二天的活动，避免手忙脚乱。

涉及的话题：这是一个什么主题的活动，会涉及哪些话题，对这些话题你有什么话可说。你要提前搜集相关的资料，对自己想分享的观点提前准备。

比如，你如果是去谈一个客户或者向领导汇报工作，你可以预想客户、领导会对你的发言提出哪些问题。罗列出你认为可能会涉及的话题，比如价格、预算、质量等，想好你打算如何回答客户或领导的问题，就是一个好的准备。

如果你参加的是一次同学聚会，那你就可以准备一下，说一说当年在校读书的生活，对老师同学的印象，以及你毕业之后的工作经历、生活状态，还有你观察到的同学老师们发生的变化，等等。

再比如，你如果参加的是工作面试，那么对于自己已有的工作履历、项目经验、准备应聘的公司的岗位情况，以及自己为什么可以胜任这个职位，你都可以提前想好怎么说。

这样，当别人都觉得是临场即兴发言的时候，其实你早已经准备好了。当你用有备而来去和别人真正的临场反应来相比时，你自然会显得更自如、更突出。

参加或出席活动的人：围绕"人"这个角度，尤其是针对聚会或者会议活动这种场景比较复杂、讨论议题不集中的情况。如果你又想做一个发言，就可以围绕会出席的"人"来准备你要说的话。因为我们天然地对涉及具体人的事情或者评价感兴趣，对泛泛而谈的信息不太在意。你可以特别关注活动有哪些人会参加，他们与你是什么关系，可能会说什么，你怎么说才能让自己的话跟他们发生联系……如果你把这些问题都想清楚了，发言时哪怕抓住其中一点，你的讲话都会吸引在场人员的注意力。

演员胡歌在2016年金鹰节上的获奖感言，就是围绕"人"，运用把"人"连接起来的方法。

2016年的金鹰节，胡歌因在《琅琊榜》中扮演梅长苏，获得了观众最喜爱男演员奖和最具人气男演员奖。他和在《琅琊榜》中扮演郡主的刘涛同台领奖。

胡歌开口的第一句话，就让全场感受到他即兴说话的机智。他说：

"首先，我觉得非常意外，我没想到梅长苏和郡主会以这样的方式相会。"

这句话是围绕刘涛说的，巧妙地把一起站在台上的刘涛，以及他们在剧中的角色关系联系起来了。接下来，胡歌又说：

"刚才郑佩佩老师说了，我的第一部戏是跟她合作的，在拍摄现场的时候，我记得是在横店的深秋，那个时候天气已经非常凉了。她拍戏的时候没有助理，有一场戏她要躺在地上，剧组在布景、布光，她就一直躺在那里，躺了将近半个小时的时间。那个记忆让我非常深刻，我知道演员在现场应该是什么样的。我很幸运，我可能比更多的人更早地知道了什么样的演员才是真正的演员。

我要感谢林依晨，她对我说过两句话，是在我们拍摄《射雕英雄传》的时候。

第一句话，她说，演戏是一个探索人性的过程；第二句话，她跟我说，她是在用生命演戏。这两句话我会记住一辈子。

还有就是我有很多的机会可以在生活中看到一个真正的演员应该是什么样的。

我昨天非常有幸地和李雪健老师同一班飞机来到长沙，李雪健老师德高望重，这么高的年龄，他只带了一个随行人员，我很惭愧，我带了三个，而且体型都非常壮硕。"

胡歌说话的整个过程中，镜头扫到林依晨、李雪健，一位感动得流泪，一位一直专注地看着他，频频点头。胡歌的发言里，一句泛泛的表态和感谢都没有，全是让人印象深刻的细节，和围绕在现场的具体的人。场内场外好评如潮。

这段获奖感言，看上去是现场的即兴发挥，其实是一个主动即兴表达的经典之作。并且是围绕现场的"人"，事先有所准备的经典之作。为什么这么说呢？

首先，虽然能不能获奖，演员可能事先并不知道，但是，既然要去现场，可以事先准备一下获奖感言，这就是一次主动的提前准备。

其次，在准备说什么的时候，胡歌显然提前了解了，知道刘涛在现场、郑佩佩在现场、林依晨在现场、李雪健在现场。

于是，可以想一想自己跟他们是什么关系，他们曾经在工作或生活中给过自己哪些帮助和启发，从他们身上学到了什么。

在回答这些问题的时候，刘涛跟他是《琅琊榜》里的搭档；郑佩佩带他演了第一部戏；林依晨跟他说过对演员职业的思考，给他过冲击；李雪健老师轻车简行、低调内敛，给他树立了榜样，想到这些，内容是不是就很自然地充实了。

经过这样的拆解，你会发现，一个精彩的即兴发言并没有那么难。像胡歌这样的围绕"人"准备话题的方法，在生活中可以学习运用。

比如你去参加同事的婚礼，你就可以想想婚礼上会有哪些人参加，当然最重要的是新郎新娘了。那么他们和你是什么关系，你对他们的印象怎么样，新郎或者新娘在恋爱前后的变化是什么，如果再加上你对这对新人的祝福，就会是一个很不错的即兴发言。

综上，主动的即兴表达应该怎样做好准备。首先，给自己"找台阶"，帮助你减轻对主动即兴表达的心理负担，抓住机会。其次，可以围绕"场景、话题、人"三方面做准备。尤其是围绕"人"做准备，在比较正式的场合很好用，能快速吸引现场观众的注意力。

五、被动的即兴表达
——学会化被动为主动

> 丹尼尔·韦伯斯特说过：如果有一天神秘莫测的天意将我从这里把我的全部天赋和能力夺走，而只给我留下选择其中一样保留的机会，我将会毫不犹豫地要求将口才留下，如此一来我将能够快速恢复其余。

在公司会议上，领导突然点名让你说几句，你会怎么办？

在参加活动聚会时，主持人邀请你上台发言，你会怎么讲？

被动的即兴表达，是一种出乎预料、没有预期准备，又没有选择余地，并且必须要做出回答的情况。

在我们的生活中，常常遇到被动即兴表达的场景，比如：

你去参加一个面试，面试官突然问了你一个从来没有准备过的问题；或者正在召开一个会议，事先没有安排你发言，也不需要你发言，可是会上领导偏偏随机点了你的名字，请你说说看法；或者在讨论问题时，你正在按照自己的思路发言，突然有人打断你，向你提了一个让你措手不及的问题；或者你正在主持一场直播，突然有人上麦向你咨询案例问题，这种案例是你没遇到过的……

像这样的突然被提问、突然被领导点名、突然被人打断、突然被咨询等情况，都是被动的即兴表达的场景。

被动的即兴表达跟主动的即兴表达有两点明显的不同。第一，主动的即兴表达你有选择权，讲不讲话都可以；但被动的即兴表达会让你非常被动，你必须讲，否则你会很尴尬。第二，主动的即兴表达通常是一次机会，如果抓住，会对你很有利，甚至会因此改变命运；而被动的即兴表达往往是一个问题、一个要求、一次挑战……你不得不应对。

被动的即兴表达往往让人更有压力。因为你没有退路，如果你置之不理，或者顾左右而言他，答非所问，那么面试官会认为你不合格，领导会觉得你不能干，向你提问和想听到你回答的人就会觉得你没水平、不愿意回答、不礼貌、不友好。

面对这种突然被叫到，又必须要回应的关键时刻，怎么为自己争取思考时间，快速有效地应对呢？

（一）学会化被动为主动

不管是提前有准备的发言，还是突如其来的发言，准备一定是重要步骤。就像下面这些场景：

> 在一个重要活动上，你要做获奖发言，上台前2分钟，你会在心里明确讲什么，分为几个点讲，可能还会在心里进行无声的演练；在会议上做汇报时，你突然接到通知，20分钟的报告要在5分钟之内讲完，于是你要再次梳理思路，只表达要点。

当众表达能力训练

（二）预测性准备

正像打仗前要厉兵秣马一样，即使3~5分钟的即兴发言也要非常精心地准备。预测性准备是指当众表达前的准备，它包括心理、材料和表达框架等方面的准备。

（1）心理准备。很多人在重大场合，看似被动即兴的表达，实际上内心当中都做了非常多的准备。比如，在参加会议或活动之前，先预测一下自己需要发言的可能性。如果要发言，发言的目的是什么，会讲些什么，如何说。先做好心理上的准备，会避免突然出现"被点名"的尴尬或恐惧，会迅速进入即兴发言状态。

看一个例子：

一名年轻的理财师，刚入职伦敦银行不久，他在电梯里正好遇到了这家银行的一位知名高管。电梯刚刚启动时，高管突然问年轻人在银行具体做什么业务。这名年轻人不假思索地回答了三句话，简明扼要地谈到了现在的工作进度，谈到了自己未来希望在南亚领导一个电信投资公司，还谈到了自己的国家和想去的工作地之间可以进行怎样的经济往来。

整个过程不到1分钟，却包含了大量的信息。

在跨出电梯时，年轻人又适时地递上自己的名片。高管接下名片对他说："我会把你举荐给我们公司的南亚投资项目组。如果他们没来找你，你可以给他们打电话，直接提我的名字就可以。"

后来这位高管说，这个年轻人在这么短时间的讲话里，能包含手头的工作、未来的计划，以及自己为什么胜任。说明他早就随时准备这段话了。

（2）材料准备。如果预先知道了会议或活动的内容和主题，可以先浏览相关的材料，搜索相关的信息，补充知识，丰富思想。如果你突然被要求发言时，就能对一个特定的话题做出很好的解释，并赢得听众的支持。

当然平时的阅历和经验积累也尤其重要。一般来讲，如果出席一个比较正式的场合，首先应该准备一些相关的学科知识、专业知识。接着需要准备一些一般性知识，如基本的修养、典故、成语、历史人物的名称。还需要准备经验性的知识，就是这个会议跟我们过去的生活有什么联系，在哪个地方曾经遇到过这样的事情。为什么大家觉得习近平总书记很亲民，就是因为他去哪儿都可以即兴地发表很多讲话，可以即兴地出口成章。习近平总书记经常去基层视察，会回顾当年自己做知青的情景，讲自己当时怎么挑粪、怎么种田的事情。

2021年9月，习近平总书记在陕西米脂县考察，在农村的大田里和正在地里除草的农民高治周交谈时的对话：

"家里都种的什么？忙不忙得过来？"总书记关切地问。

"忙得过来，老两口一起干。"高治周忙说。

"庄稼能不能浇上水、地里有没有套种豆子……"总书记问得十分细致。

"今年没有套种，天旱，种不了。"高治周回答。

后来高治周感慨地说："总书记能听懂我们的陕北土话。农民的生活，他都懂着咧！"

习近平总书记的每一句话都是那样亲切自然，一下子拉近了和百姓的距离，因为他有着经验性知识的准备。

当然，不是所有的人都有丰富的阅历，不过可以多读书来增加自己的阅历，前面讲过阅读是当众表达的根基。

（3）表达框架准备。如果时间和条件允许，也可以做一个初步的发言框架。围绕发言目的，依据听众的背景和需求来确立表达的中心内容，快速地想好自己要说些什么，明确自己的立场、观点和态度。每一次讲话都要做准备，哪怕几秒、几分钟，马上确定主题，明确观点，组织语言。做到心中有底，才能自然应对。

（三）化被动为主动的技巧

来看一个经典的案例：

你看过汪涵主持的《我是歌手》关于孙楠退赛的那期节目吗？没看过的可以在互联网上搜索一下这段视频：

2015年3月27日，湖南电视台正在直播综艺节目《我是歌手》第三

当众表达能力训练

季歌王争霸赛总决赛，在第一轮比赛结束后，重量级歌手孙楠突然宣布要退赛，这个决定一下子打破了电视直播原有的节奏，这是面对全国亿万电视观众直播的电视节目，现场还有500多名观众，所有的人都惊呆了。

面对这一突发事件，看一看汪涵是如何应对的。主持人汪涵在情急之下，在台上即兴讲了一段非常经典的话来救场，他说：

既然我是这个节目的主持人，那接下来就由我来掌控一下。首先我要请导播抓紧时间准备一个3~5分钟的广告时间，谢谢，我待会儿要用。

接下来我要说的这段话，有可能只代表我个人的观点而不代表湖南卫视的立场，我从21岁进入到湖南广电，所以我觉得我身上的很多优点和缺点似乎都打下了湖南广电的很多烙印，包括所谓没事儿不惹事儿，事儿来了也不要怕事儿。

对于一个节目主持人，在这么大一场直播当中，一个顶尖级的歌手，一个顶梁柱一样的歌手突然间宣布退出接下来的比赛，我想应该是摊上事儿了，甚至是摊上大事儿了……

汪涵遇到这种没法预料的突发情况，真的是"摊上大事儿"了。这种被动的即兴表达，不光对普通人来说是一个挑战，就是对专业的主持人来说，也是挺难应对的。好在主持人汪涵是接受过一定训练的，他淡定从容地及时回应，巧妙地化解了这场危机。

接下来我们具体分析一下他的应对中运用了哪些技巧。

1. 回应情绪，先做出反应

如果没有接受过训练，绝大多数人突然被叫到、被质疑时，第一反应都是大脑一片空白，愣在那里，说不出话。有的想马上做出回应，但反应的时间太短了，一时不知道该怎么说，干脆选择沉默、放弃。我们会以为这是自己反应慢，但你为什么会反应不过来，说不出话？你被质疑、被突然叫到的时候，你的感受是什么样的？你是否有一段时间会陷在自己感到意外、紧张害怕的情绪里？你没有时间思考，无法回应，是因为你被自己的情绪卡住了。

所以你的第一个步骤，先接受情绪。当别人还在花时间消化纠结、犹豫的时候，你已经接受了，你就比别人反应快。

那么如何接受情绪，快速反应呢？

最好的办法就是回应情绪，先做出开口说话的反应。在第一时间千万不要停在那里空想，觉得先停一会儿想好后就能说了。不说话不会为你争取任何思考的时间，只会给你带来尴尬和压力，甚至大脑一片空白。先说话，说出来你就把被动变成了主动。就是"快接慢说"，快速接住话，然后慢慢说。

那么如何回应情绪呢？

第一，直抒胸臆，回应自己的情绪。就是说出你此时此刻、当下最真实的想法，把你的情绪自然流露出来，不需要掩饰。你可以直截了当地告诉对方：

"听到这个事情，我感到很意外。"

"我没有思考过这个问题，我感到有点紧张。"

"我没准备过这个问题，我试着说说我的理解吧。"

这样说，没有人会责怪一个把自己的真实想法说出来的人。

来看汪涵直播中，遇到孙楠突然宣布退赛，他首先运用的技巧就是回应自己的情绪。他说：

"对于一个节目主持人，在这么大一场直播当中，一个顶尖级的歌手，一个顶梁柱一样的歌手突然间宣布退出接下来的比赛，我想应该是摊上事儿了，甚至是摊上大事儿了……"

这里的"摊上大事儿了"就是汪涵当场最直接的感受。

有的人在遇到需要即兴应答的时候，会掩饰自己的情绪，把自己的紧张包裹起来，以为这样能给人一种很淡定的感觉。其实，你的紧张是藏不住的，自然流露你的真实情绪，反而可以帮助你平稳心态，更自如地面对眼前的状况。

第二，安抚别人，回应他人的情绪。

比如工作会议上，如果领导和同事与你的观点不一致，有人质疑你；或者商业谈判中，对方跟你的立场有冲突，有人发表反对意见，阻断你。

这个时候你正确的反应方式，是第一时间先回应对方的情绪。你不要想先用什么理由去回击对方，更不用被对方突如其来的提问、意见相反等搞得措手不及，你可以用"是的，不过……"的句式来应急，比如：

"是的！我能理解你们的担心，不过我们一会儿说完了，等我们说完再具体讨论。"

"这个提问很合理，谢谢你提出这个问题，不过在讨论这个问题之前，我们还是需要先推进会议安排的议程"。

"说得有道理！难怪气场这么强。不过呢，我想补充一点想法……"

这样，你就化被动为主动，把棘手的问题往后拖，甚至转化到你准备好的内容中，转化到安排好的节奏中，也摆脱了无言以对的尴尬局面。

2. 拖时间，争取思考的空间

拖时间，为自己争取更多的时间来思考问题、来组织语言。有两个小技巧：一个是澄清问题、确认任务；另一个是从自己熟悉的先说起。具体怎么做呢？

一是澄清问题、确认任务。通过对自己要回答的问题或者要完成的任务进行细节的确认，用弄清楚对方要求的名义来争取时间。

回到《我是歌手》直播的例子，当汪涵听到孙楠突然提出要退赛时，他在回应了自己的情绪，安抚了现场观众、工作人员的情绪后，开始为组织自己后面要说的话争取时间了。

他用的技巧就是跟孙楠反复确认对方刚才突然宣布退赛的想法到底是真是假、是深思熟虑的还是临时起意的，他说：

"楠哥，我特别想问，你刚才说的每一句话都是你此时此刻内心所想所感，都是你此时此刻自己拿定主意之后的观点吗？"

这个时候，孙楠不仅给了汪涵一个肯定的答复，而且解释了一遍自己这么做的理由，这一问一答，汪涵确认了事实，明确了双方的责任。给自己的思考有一个缓冲期，为自己思考如何应对赢得了宝贵的时间。

在我们的工作或生活中，也可以应用这种方法。比如，你去应聘，面试官问了你一个没有准备过的问题，你就可以重复一下对方的问题，问一问对方想问的重点是什么。或者说一下自己对这个问题的理解，跟对方确认一下自己的理解对不对。这个确认的过程，就可以为你争取一点儿思考的时间，同时不会冷场。

二是从自己最熟悉的说起，即从自己可以不假思索、不用费劲儿就能脱口而出的内容说起，一边说，一边腾出精力来思考对策，梳理接下来要说的话。

比如在工作场合，你现在手上在做的项目或者工作任务，就是你熟悉且能脱口而出的；如果是在聚会社交场合，你最近看的书、综艺，平时的热点新闻，都是你可以不费脑筋说出来的。

比如，你在电梯里、走廊里突然遇到了领导。这就是一个你没有想到会碰到领导，但是不说话又有点儿尴尬的被动即兴表达的场合。

就像前面那名理财师在电梯里遇到公司的高管，从当下正在忙的工作进度说起来，这些都是他目前最熟悉、琢磨得最多、不需要临时思考的内容，这样可以为后面要说的话争取思考的时间。

在应对孙楠退赛的例子中，汪涵说：

"既然我是这个节目的主持人，那接下来就由我来掌控一下。首先我要请导播抓紧时间准备一个3~5分钟的广告时间……"

从自己的工作说起，让导播准备广告时间，来应对孙楠退赛对后面节目可能造成的影响，包括后面又从自己21岁进入湖南台的经历说起等，都是从自己最熟悉、最不需要深刻思考的内容先说起。让大脑迅速组织材料、确认主旨等，然后慢慢切入话题，这样可以避免表达中尴尬的沉默。

3. 边说边想，让表达逐步到位

我们要锻炼自己把说话和想问题当成一件事同时进行。你在想的时候嘴不要停，你在说的时候大脑也不要停。争取了思考时间之后，只要你想到任何可以说话的思路，哪怕是一句话、一种观点、一个关键词，你都可以依据它一边说，一边想，把这个意思说清楚、说周全、说完整。

你也可以一边说着对问题的理解，先把问题接住，一边想着怎样把话转到你熟悉的内容上去，这样就完成了一个化解危机的过程。

虽然有时候你没有思路，但一旦你抓住了一点，并且开始说起来的时候，帮助大脑快速运转起来，在说的过程中，就会有第二点、第三点的思路。当把话题迁移到你更熟悉、有把握的问题上时,你既能摆脱困境,又可以让人觉得你有自己的观点,能带动话题的拓展。

你可以用这样的话术:

"这的确是一个好问题,这个问题还让我想起我曾经思考的另一个问题……"

"这个问题让我想起我曾经遇到的这样一件事……"

"这个问题让我想起我曾经跟别人分享的一句话……"

这个时候,问题的焦点、话题的重点已经被你巧妙地转向了你可以说、你想说、你能够说清楚的问题上了。也就是把你遇到的"新问题"纳入自己熟悉的问题里。如果两者有关联,当然更好;即使关联不大,也没有关系,你可以展现出你快速应变的能力和你平时的思考积累。

4. 动作拖延法

该方法就是利用一定的动作来拖延时间,让大脑迅速工作,然后开始说话。例如:在当众表达中,可以拿起一杯茶,拉过一把椅子,向观众点头或挥手,扶一下话筒慢慢坐下,等等。虽然这些动作拖延的时间很短,但它给了讲话人一个喘息的时间,让大脑紧张快速地思考,调整精神状态。

总之,被动即兴表达的场景,怎样快速有效地应对。有四个步骤:第一步,回应情绪,先做出反应;第二步,拖时间,争取思考的空间;第三步,边说边想,让表达逐步到位;第四步,动作拖延法。同时总结了很多小技巧,这些小技巧可以在实际的工作或生活中拆开来灵活运用。

六、如何进行一场讨论
——提升表达和解决问题能力

> 讨论必须在互相帮助、互相信任的气氛中进行。
> ——贝弗里奇《科学研究的艺术》

公司召开讨论会议,结果会议冗长乏味,无法达成开会目的;
课堂上分小组讨论,结果课堂死气沉沉,学生沉默不语;
团体开展各种线上线下讨论活动,却混乱无序,毫无成效;
家庭成员讨论孩子教育问题,结果争论不休,争吵起来。

所有人都不想遇到上面的情形。

现代社会,讨论无处不在。公司或团队小组开会、课堂教学、家庭决策……都需要每个成员参与讨论。

讨论是几个人或更多的人在一起,围绕一个话题或主题陈述道理、相互发表见解或论证的一种口头表达形式。

(一)讨论的好处

1. 激发思维、开阔视野

俗语说:"三个臭皮匠,赛过诸葛亮。"每个人思考问题的角度、方式、心得有所不同。在讨论过程中,大家你一言我一语,把心里的疑问、观点陈述出来,并且在对方激发下,又不断产生新的想法。讨论的环境就像一个发酵的加速器,大家越积极参与,新的想法越源源不断,把它们集中起来,能够更全面、更立体、更清晰地呈现事物。

讨论可以激发讨论者的求知欲,讨论者能在讨论中训练思维能力。在讨论过程中,人们的大脑处于高度的机警状态,大脑既要对该问题展开思考,又要对其他讨论者提出的观点加以思辨,还要与自己的思索印证,且要重新组织语言、逻辑,以便于更好地讨论。因此,讨论对大脑是一个很好的锻炼机会。

2. 讨论能提高表达力,发展思维能力

剑桥教授贝弗里奇在《科学研究的艺术》里说,讨论是"帮助人们摆脱那种已经形成了的、事实证明是无成效的思想习惯""十分有助于突破固定了的陈旧思路",也是"披露谬误的宝贵方法"。所以,讨论不仅可以提高人们的口语表达能力,而且有助于发展人们的思维能力、辩证分析能力、总结能力等。

讨论也能了解更多对手的价值观、性格等。懂得如何讨论的人拥有更强的表达和解决问题的能力。

(二)如何进行一场讨论

1. 讨论一般的要求

讨论发言必须有明确的中心话题,并围绕中心话题,做到观点清楚、有理有据、简洁明了,使听话的人容易接受。

讨论可分为专题讨论、即兴讨论两种。无论哪种讨论,往往都是有组织的。从内容上讲,讨论的组织者要先准备讨论题目,或围绕什么中心议题进行讨论;从组成人员上讲,参与讨论的有主持者、参加者。

2. 讨论的三个阶段

讨论一般分为三个阶段,各个阶段主持者的职责和参加者的注意点各不相同,如图5-3所示。

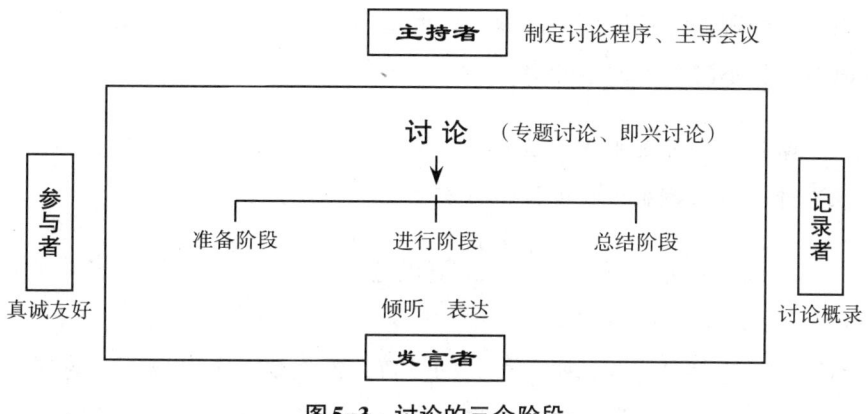

图5-3 讨论的三个阶段

（1）讨论的准备阶段。

主持者应事先公布议题。主持者对讨论有一个准确定位和合理规划，明确这次讨论的目的，议题应该是明确、具体、集中的，不能模棱两可、含混不清。议题如果较大，可在总题之下，列出若干分议题，以利于一个一个地集中讨论。

主持者应根据需要先制定合理的讨论程序，如怎样说明议题、按照什么顺序发言、怎样归纳总结等；然后选好会场，确定时间；最后把上述各项内容通知给邀请者或准备参加讨论的有关人员。

参加者在接到通知后，要认真研究议题，深入理解议题含义，并根据议题做好必要的材料准备，如自己准备发言时需要用到的引文、数据、事例、个案、图表等。必要时，参加者还要撰写发言稿或拟定发言提纲，做好多媒体演示文本等。

（2）讨论的进行阶段。

讨论开始后，主持者可以先宣布议题，并向参加者清楚地交代议题含义、讨论目的，然后说明讨论程序，提出要求，如发言的时间限制、发言中应注意的问题，鼓励大家畅所欲言。参加者应认真听取说明，进一步了解议题，明确讨论的内容、程序和要求。

讨论进行中，主持者应该发挥主导作用，组织参加者围绕议题，按照议程把讨论进行下去。如果有人对讨论程序和方法有意见，要优先考虑，采纳合理化建议，以提高讨论的效率。讨论中，主持者还要注意观察动态，把握局势，善于启发，随时引导，及时调整。如发言不够踊跃，要随时加以启发；发言重复啰唆，要委婉提醒；讨论不能深入，要适时加以点拨；讨论偏离议题，要立即加以纠正；不同意见发生冲突，要适当加以约束。

像某些公司或团队小组开会、课堂教学、家庭决策的讨论的现象，多跟主持者的引导能力和调控能力有关。

主持者只有充分发挥主导作用，随机应变，才能使讨论不脱离中心话题，朝着有利于问题解决的方向发展。

同时，主持者要注意倾听每个人的发言，抓住要点予以鼓励、概括、评点或强调，以引发不同见解的发言或者相近内容的补充性、扩展性发言。

讨论的参加者要围绕议题，观点鲜明，明确、具体地发表意见，并阐明理由和根据，不能离题或空谈原则而不接触实际。发言的条理要清楚，层次要分明，一般按照"是什么—为什么—怎么样"展开；语言要简洁，突出重点，多采用口语，自然、亲切、通俗。讨论深入后，参加者如果觉得自己最初的发言不够全面或有错误，再次发言时，可以做出补充或修正。

讨论过程中，参加者要尊重发言者，不能中途打断别人的话。如果认为别人的观点是正确的，可以表示同意，无须重复别人的话；如果认为别人的观点有错误，可以提出异议，但要说出反对的理由和根据。否定别人意见时，要注意态度，应该真诚、友好地表明自己的意见，不要主观武断或讽刺挖苦，也不要把自己的意见强加于人。同时，参加者的发言要遵守时间限制，不能喋喋不休，影响讨论进程。

如果参加者不知道该说些什么，在会议讨论中很被动，可以试试下面两个发言的小技巧。

复述重点：复述其他人的观点，加一些自己的体会。如"你说的我很赞成，我觉得这一点是很有必要的……"

抓住细节：可以抓住别人谈的某一个点，把它放大，这样既不会与别人言语相悖，也能体现你的细心周到。

(3) 讨论的总结阶段。

主持者找准契机，巧妙地结束活动。讨论活动最好在讨论输出内容最高的点结束，因为在这时候结束活动，是最能让参加者感受到意犹未尽的时候，通过这种方式结束,能让参加者对下次的讨论充满期待。

讨论发言结束后,主持者应对讨论做出总结:将参加者的发言、意见归纳起来,若意见一致,则将明确的结论加以强调和重申;若意见不一致,则将不同意见分项列出,加以分述。有些议题需要形成决议,主持者则可以进行表决。

宣布决议,号召大家为贯彻决议而努力。讨论全部结束后,主持者还应根据讨论的记录,整理归纳,形成文本。

参加者此时应认真听取主持者的总结发言,了解、明确讨论结果。如果议题形成的决议与自己的意见相左,那么要遵从少数服从多数的原则。

七、辩论
——辩出口才

> 一人之辩,重于九鼎之宝;三寸之舌,强于百万之师。
> ——刘勰《文心雕龙》
>
> "夫辩者,将以明是非之分,审治乱之纪,明同异之处,察名实之理,处利害,决嫌疑。"
> ——《墨子·小取》

在辩论中:

当你面对强大的对手时,怎样能神机妙算,以弱胜强?

当你陷入困境时,怎么巧施妙计,化险为夷呢?

当你面对骄横的对手时,又怎样诱敌上钩,给他一个下马威呢?

当众表达能力训练

"一人之辩,重于九鼎之宝;三寸之舌,强于百万之师。"古今中外,有许多反应迅速、智慧过人的善辩家,他们拥有出色的辩论才能,机智处世;他们胸藏万汇,口吐风雷;他们能舌反逆势,力挽狂澜。

提到"辩论"这个词语,很容易让人想到我国古代的十大辩士:晏婴、邹忌、淳于髡、张仪、苏秦、郦食其、蒯通、陆贾、纪晓岚、曾纪泽。还会让人想到商鞅硬怼因循守旧的反对派,辩得他们哑口无言;想到苏秦一席话,兵不血刃,收回十座城池。还有范雎、李斯、吕不韦……

晏子是齐国的重臣,一向以口才善辩、思维敏捷而闻名。晏子在出使楚国时,面对强大狡猾的敌人,凭借自己出色的辩论能力,灵活机智地挫败了楚王的数次挑衅:

当晏子刚到楚都城门时,侍卫让他从小门进,晏子说,如果我出使的是狗国,那我自然从这个小门洞进入,如果楚国不是狗国,那我还是从大门进好啦!楚王无奈,只好让晏子从大门进城。

当楚王看晏子身材矮小,问齐国怎么会派你这样的人来做使臣呢?晏子回应:齐国派遣使臣要依据出使国家而定,对方明礼的,便派明礼之人为使臣……在齐国实在找不出比我更蠢的人来,就只好派我来了。

席间,当兵士押着一个犯人来见楚王,说他是齐国的劫匪时,楚王故意摇了摇头对晏子说:齐国人怎么喜欢做这种事呢?晏子也摇摇头说:我听说,橘子生在淮南的时候是橘子,可是生在淮北就变成了枳,虽然它们的叶子是相似的,但结出的果实全然不同,是因为水土不同罢了。老百姓在齐国安分守己,不偷东西,可是到了楚国便偷东西了,难道不是楚国的水土使然吗?

就这样,晏子靠自己出色的辩才、机智的反应,既维护了齐国的利益,也保卫了自己的尊严。

不仅古代,在我们所处的当代社会中,辩论也是最常见的,大到国际事务的争辩、国家政策的辩论,一些重要谈判、答辩等,小到日常生活中人们的甜咸争论,甚至菜市场的分厘争议……生活中哪一天离得开辩论呢?可以说辩论已经渗透到人类生活的方方面面。

你也许会问,学习辩论技巧对我们有什么用呢?

第一,辩论可以发现真理,寻求共识。

中国民间谚语说:"锣不敲不响,理不辩不明。"古语也说,辩论可以"明是非,审治乱,明同异,察名实,处利害,决嫌疑"。

我们来拆解一下"辩论"这个词:"辩"就是辩解、辨明是非或辩驳;"论"就是议论、论述。辩论也称论辩,是指意见相悖的双方或多方,围绕一个或几个问题展开争辩,以确立自己的观点、驳斥对方的观点的一种口语表达形式。

辩论的两大要素是"论"与"辩"。"论"就是正面论证己方观点的正确;"辩"就是辩驳对方观点的错误。在希腊文中,"辩论"一词的意思是"对真理的共同探讨",马克思也说过,真理是由争论确立的。所以,自古以来,辩论就成为一种判断真伪、探求真理的口头交流方式。

第二,辩论能丰富人们的知识,能提高表达复杂思想的能力,以及表达的应变能力,训练缜密敏锐的思维能力,培养以理服人、以礼待人的良好品质。

第三,辩论也可以培养竞争意识。当今时代,需要靠自己推销自己,所以,要成为人才,就应具备辩才的能力,来抓住更多的机会。

由此得出,辩论与我们的学习、工作和生活密切相关,每个人都需要用到辩论的表达。

> 比如在生活中,有时候你是不是也会认为自己嘴笨、脑子不灵活,因为你遇到过明明是自己占理的事,却说不过对方;工作中明明是你的团队比其他团队工作方法更有效,你却不能说服领导采用你的方法……

其实,大多数人都遇到过这样的经历,辩论的目的在于说服。这时候我们不只是需要知识、智慧和韬略,也需要有辩论的方法和技巧。

人们常将"能言"和"善辩"连在一起使用,说明辩论与口才不容分割,为了提高辩论表达能力,接下来,我们共同来了解一些辩论知识,学习一些辩论中语言表达的基本策略。

(一)知彼知己——辩论的准备要充分

辩论的准备阶段是整个辩论过程的重要环节。辩论前,你要对辩题进行分析,准备好论点、论据和论证;要求做到论点鲜明、论据确凿、论证符合逻辑；论点也要新颖独到、科学、有针对性。还要制定好辩论谋略，搜集丰富的材料，撰写辩论稿。

这个阶段你最好能做到"知己知彼，因人施辩"。

"知己"就是要了解自己，包括：

你要知道自己的辩题是什么，你的辩题是否准备充分。

你对辩题的了解程度、把握程度怎么样？你对与辩题有关的材料是否已经熟悉？你的论据准备充分吗？你的论证是正确的吗？

由这个论据是否能够推出你的辩题？你要采取什么样的方法和技巧直击对手？

知彼，就是要了解对方。"知彼"包含哪些内容呢？

你必须要知道对方的观点是什么。

了解对方的论据，如果知道了对方的论据，并发现其中有虚假的话，你该如何攻击他？

如果知道了对方的论证，能否推出对方的观点？

古语说："知彼知己，百战不殆。"如果你做到了以上的"知彼"和"知己"，同时能了解对方辩手的性格、心理状态、辩论经验等多方面信息，辩论时你就会做到有的放矢，准备就更充足了。

辩论准备中，你搜集的材料要尽可能广泛，宁可想到而不用，也不要有用而忽略不全。凡是有助于增强辩题说服力的材料，如具体的和概括性的事实材料、统计数据、理论性材料、名言、故事、各方面知识等都要搜集。除了搜集证明自己观点的材料，还要搜集专门反驳对方论点的材料。

这样，当我们具体使用材料的时候，就更能提炼精华，选择质量高、说服力强的材料了。

（二）辩论中常用的论证方法

如果是采取进攻战术，那么辩论一开始，你就要先发制人，主动出击，要鲜明地亮出自己的观点。

辩论过程中，要自始至终围绕论题展开论述，做到中心突出、逻辑合理、条理分明、层层深入、说清说透，使自己立于不败之地。

在这个阶段，常用的论证方法如下。

（1）举事论理，直中要害。人们常说"事实胜于雄辩"，摆事实，讲道理是辩论当中用得最多的一种技巧。比如：

> 大家都认为"天鹅是白色的，而乌鸦是黑色的"，可是后来，就有人举证说，"在澳洲就有黑色的天鹅，在日本就有白色的乌鸦"，有这样具体的事实，就证明开头的观点不成立了。

（2）探求因果关系的论证，有人称它是析因论果，寻找联系。就是通过寻找某一现象的原因，以因果联系为根据得出结论的辩论方法。在辩论当中，因果联系是最普遍的一种表现形式。任何现象的产生都有一定原因，任何原因都要产生一定的结果，也就是有因就有果，有果必有因。这里介绍三个因果论证的小技巧。

第一个叫"探因求同"法，比如：

俄国科学家罗蒙诺索夫在一次学术会议上为自己的观点辩论时，是这样论证的：

> 我们搓擦冻僵了的双手时，手就慢慢暖和起来，手心会热起来；我们使劲敲击冰冷的石头，石头块能发出火光；我们用铁锤不断地敲打铁块，铁块也会热得发烫……因此可以得出结论："运动能够产生热。"

你发现没，这位科学家考察了搓擦双手、敲击石块、锤打铁块等发热情况出现的不同场合，这些场合其他的情况都不相同，只有一种情况是相同的，就是运动，于是他得出结论，运动是发热产生的原因。

第二个叫"探因求异"法，比如：

> 有一位生物学教授通过实验，发现蝙蝠可以用耳朵来代替眼睛，可是另外一位学者不同意他的说法。于是两人展开了辩论。
>
> 教授说："蝙蝠能在阴暗的岩洞里准确无误地飞行，这是为什么？"学者回答说："因为它的眼睛敏锐，能在微弱的光线下看清障碍物。"
>
> 教授又问："那为什么蝙蝠能在黑夜里穿过茂密的森林？"学者回答

说:"也许它有异常的夜视能力。"

这个时候教授又问:"当我们把蝙蝠的眼睛蒙住,它怎么仍能完全正常、自由地飞行,这是为什么呢?若去掉双眼的蒙罩,将它的双耳遮住,它飞行时就会到处碰壁,这又如何解释呢?"学者无话可说,只好认输了。

生物学教授由于正确运用了"探因求异"法,所以得出了无可辩驳的结论。

第三个小方法,就是"从许多相同的事件中探因",比如:

有研究人员考察某城市的地面下沉的原因时发现:抽取地下水少的地区,地面下沉就比较少;而抽取地下水多的地方,地面下沉的就多,因此可以得出结论,抽取地下水就是地面下沉的主要原因。这个就是"从许多相同的事件中探因"。

(3) 引言正理,以理服人。在辩论当中,有的时候,我们自己的话没有说服力,很难去说服对方。那我们就可以引用一些历史典故或者名家名言去论证自己的观点,这就叫作引言正理、引用论证,这样更能够以理服人。

(4) 反驳论证。反驳是辩论中重要的一环,驳倒了对方的论点,实际上就是确立了自己的论点。辩论时,你要全神贯注倾听对方的辩言,仔细分辨,迅速分析判断,从中发现破绽予以反驳。如观点错误、论据不足、偷换论题、不合逻辑等,并以此为突破口进行反击。尤其要抓住对方的核心观点来进行反驳,这是确保在辩论当中攻击到对方辩手要害的一个重要方面。

比如你听到一种观点,说:

"一个人发胖是因为人体内储存的油过多。只要将这些油排出去,胖子就可以瘦下来了。"

从表面上看,这句话好像很有道理,但当你认真分析,就会发现,这句话的观点不正确。人之所以发胖,只是因为人体内储存的油过多吗?其实,一个人发胖的原因有很多,有生理性的,有病理性的,还有遗传性的,等等。很显然,只说人发胖是因为油过多是不正确的。

当对方的观点不正确的时候,后面论证的理由也是不正确的。比如刚才那个例子"体内储存的油多,要排油才能瘦下来",如果观点不正确,那么后面

的理由"排出油,以及排出油的方法和例子"等都是错误的。反驳的时候,你可以说:

"你讲的看法也有一些道理,一个人发胖的原因,如果是因为体内油过多的话,也许你的减肥方法是挺好的。但是我想补充的是,一个人发胖的原因,有的是生活压力过大,有的是生活习惯引起的。这样的话,改善生活习惯才是减肥的根本。而有的又是遗传性的发胖,可能光靠抽油脂也难以解决……"

(5)用演绎推理的方法,揭穿对手。

演绎推理是指由一般性的前提推出个别性的结论的逻辑方法。

有一位美国参议员对美国逻辑学家贝尔克里说:"所有的共产党人都攻击我,你攻击我,所以,你是共产党人。"

当即,贝尔克里予以反驳说:"所有的鹅都吃白菜,参议员先生你吃白菜,所以参议员先生也是鹅。"

这里贝尔克里反驳对方观点使用的是演绎法。模仿对方逻辑不周密的错误去反驳对方。

1. 控制情绪,把握分寸

辩论中往往会出现情绪激动、措辞激烈、各不相让的局面。在这种情况下,必须注意既要据理力争,又要防止意气用事、语言行动失去控制。要有冷静的头脑、从容的态度及必要的幽默感。不能为了面子而言辞失控、举止失态。

你可能经历过这样的情况,本来很平常的一件事,开始的时候大家也很正常地发着一些感慨,但不经意间你听到一句很不爱听的话,马上以牙还牙,不知不觉双方就吵到脸红脖子粗,这时辩论就不再是辩论,而是攻击和吵架。

所以,辩论的时候一定要冷静,只有冷静的大脑才能清晰。保持冷静的大脑才能很好地分析情势,让自己保持良好的仪表风度,立于不败之地。

当众表达能力训练

2. 讲究方法，重视技巧，随机应变

在辩论中，除了直言陈述自己的观点，或者引经据典、借助比喻、正反比较来证明自己的观点外，有时还需要使用一些辩论技巧。

如在辩论中，当你处于弱势时，你就得正视自己的弱点，勇于承认事实，分析、利用事实中对自己有利的因素，化被动为主动，以弱胜强，这在舌战谋略上叫"劣势转化法"。

古时候，有一个邢进士，他身材很矮小，他在鄱阳湖遇到了强盗。强盗不仅抢了他的钱财，还打算杀了他，正当强盗举起刀要杀他时，邢进士以风趣的口吻对强盗说，人们已经叫我邢矮子了，若是砍掉我的头，那不是更矮了吗？强盗听了，不觉失笑，也放下了刀。

邢进士面对强盗，寡不敌众，若锋芒毕露地争辩，只能被杀死。恰当地使用幽默答辩的方法，在轻松的氛围中，消除了强盗的对抗情绪，为自己取得了活命的机会。

如果辩论中，你处于弱势，还可以"以守待攻"。比如采用多提问的方法，逼对方应答，最好能够多提一些难题，向对方连连发问，使对手忙于筹思应答，无暇进攻。你则以逸待劳，静观其变，抓住他的疏误，随机应变，伺机反击。或者采用不断加固自己"堡垒"的办法，减弱对方攻势，坚持自己的观点，令对手久攻不下，劳其心神。

古人云："与其扬汤止沸，不如釜底抽薪。"这说的是"釜底抽薪"法，如果在辩论中能将其运用好，就能推翻对方立论的依据和凭借。可以先假设对方论点是正确的，然后加以合理的引申，推导出荒谬的结果，从而证明对方观点是错误的或是虚假的，这通常称为"归谬法"。

赫尔岑是俄国著名的文学批评家。有一次他参加一个晚会，晚会上演奏的轻佻的音乐，使他非常厌烦，他不得不用手捂住耳朵。主人向他解释说："演奏的是流行歌曲。"赫尔岑便反问一句："流行的歌曲就是高尚的吗？"

主人听了很是吃惊："不高尚的东西怎么能流行？"赫尔岑笑着说：

"那么流行性感冒也是高尚的了？"

这就是使用了归谬法，赫尔岑先假定对方的观点是真的，结果导出"流行性感冒也是高尚的了"这个十分荒谬的结果。

综上，我们只是了解了辩论的基础性知识，了解了提升辩论口语表达的常用技巧，这只是学习辩论的初级阶段。要知道，精彩的辩论是多种辩论技法综合运用的结果，优秀的辩论者是能综合运用辩论中的进攻、防守战术，以及临场应变术和诡辩术等各种技巧来表达自己的观点，如果你对辩论感兴趣，想进一步提升辩论口才水平，还要进一步去专门学习和实战训练。

八、当众表达能力提升训练五

（一）听辨训练

（1）听一段故事，体会朗读者在语音、语气和语调方面是否得当。

（2）听读一段小文章，然后简述这段小文章表达的要点。

（二）表达训练

（1）找一些精练短小的篇章，练习大声朗读，要有情感和抑扬顿挫。读熟以后，再对精短的小文章进行扩展讲述练习。

（2）准备一个1分钟的求职自我介绍，并用手机录制下来，自己反复听，进行修改。

（3）即席发言练习。

① 班主任姚老师即将退休，学校工会将为其举行茶话欢送会。请你分别以教师代表、学生代表的身份，演练一下在茶话会上的即席发言。

② 在没有准备的情况下，请你用3分钟的时间，总结一下自己这个月

的工作、生活或学习情况。

（4）主动即席表达训练。

挑选一位你的领导、朋友或家人，把他们对你说过的印象深刻的话、一起经历的印象深刻的事、给你的帮助或启发梳理一下。想一想，如果把这些素材用在你的某次发言中，你会怎么说？如果你准备得好，它有可能会让你在下一次的朋友聚会、单位年会、春节团聚的时候派上用场。

（5）"快问快答"表达训练。

把下面题目打印出来，裁成十个小纸条，每个纸条上一个题目。用抽签的方式，每打开纸条看到问题，就马上回答，停留的时间越短越好，不允许停下来思考。尝试运用文中被动即兴表达应对的三个步骤，每个问题的回答争取说满1分钟。多做这样的练习，相信再遇到需要随机应变、开口就说的挑战，你就会觉得轻松多了。

① 你认为什么样的工作和生活是理想的，为什么？
② 你觉得一个人最重要的品质是什么，为什么？
③ 你最想在一个团队中担任什么角色，为什么？
④ 你最爱看哪一类图书或最擅长的技能是什么，为什么？
⑤ 你对经常跳槽、换工作这种行为怎么看？
⑥ 说说对你生命影响最深的一个人。
⑦ 你觉得工作和生活应该怎么平衡？
⑧ 你觉得什么样的领导才是好领导，为什么？
⑨ 你最想改掉的自身的缺点是什么，为什么？
⑩ 你最大的特点是什么？它给你的发展带来了哪些好处和坏处？

（三）辩论实训的演练

先具体了解辩论流程；再进行辩题表达练习，参考题目如下：

（1）正方：网络使人与人之间更亲近；
　　　反方：网络使人与人之间更疏远。
（2）正方：大学生创业利大于弊；
　　　反方：大学生创业弊大于利。

（3）正方：先成家后立业；

　　　反方：先立业后成家。

（4）正方：顺境出人才；

　　　反方：逆境出人才。

（四）话题讨论训练

参考话题：中学生上学应不应该带手机。

（1）如果你是主持人，讨论前、讨论中和讨论后，你都要做什么？

（包括：如何约定讨论的规则，并具体分工；安排记录人、讨论顺序等；指导讨论者搜集相关资源；讨论中你如何掌握组织策略，如何提高讨论控场能力；如何指导记录人细致记录讨论过程；最终撰写讨论报告。）

（2）如果你是参与讨论者，请为自己设计一份讨论的发言稿，并进行模拟演练。

参考文献

[1] 李真顺. 脱稿演讲与即兴发言：领导干部版［M］. 北京：北京联合出版公司，2018.

[2] 高岩. 当众讲话：有料 有趣 有水平［M］. 北京：北京联合出版公司，2015.

[3] 王达峰. 即兴表达［M］. 杭州：浙江大学出版社，2020.

[4] 黄久凌. 当众讲话：让掌声响起［M］. 北京：文化发展出版社，2015.

[5] 朱迪思·汉弗莱. 即兴演讲：掌控人生关键时刻［M］. 峒清，王克平，译. 北京：人民邮电出版社，2018.

[6] 陈飞. 掌控演讲［M］. 北京：中信出版社，2021.

[7] 杨斌. 有料：话就应该这样说［M］. 北京：企业管理出版社，2016.

后　记

感谢您读完本书，在当众表达能力"提升之旅"，您收获了哪些不一样的风景呢？

读大学之前，我也是站在众人面前不敢讲话的人，每次课堂发言常常紧张得头皮发麻，心跳得厉害……

上大学之后，学校有各种当众表达的活动或比赛，我每次都是被老师指定或被同学裹挟着参加。起初，参与的结果当然不好。后来，参与的活动多了，为了不在人前丢脸，自己就下功夫，刻意地想各种方法练习表达，起早贪黑地练习，吃了不少苦……

渐渐地，在公众面前讲话时，我即使紧张了，也会很快调整好状态，偶尔获得一次成功，就会自信不少。

参加工作以后，我走上了讲台，主要从事中等职业学校语文教学。30多年来，我教授过"语文""演讲与口才""口语交际能力训练"等与表达相关的课程，从没有停止过前行的脚步！

我曾给社区、学校、机关等单位做了20多场相关培训讲座，我曾看到很多大中学生为面试招聘、会议发言、毕业答辩、演讲等公众表达的问题而烦恼，也曾看到很多成人在工作中为公众表达而忧虑……

于是，我和我的同事、朋友把"提升当众表达能力"作为一个课题进行实践研究。

写作本书，正是源于"提升当众表达能力"的课题实验研究背景下，通过3年对各类群体"当众表达能力训练"的实践与探索，我们总结了一系列提升当众表达能力训练的方法，先后让一些大中学生、公务员、公司职员、参与社会生活中的创业者和我们的老师……亲自体验到自己从当众表达的胆怯、说不清、说得没条理，到终于敢说、侃侃而谈、自如进行公众表达的巨大进步。

在此，我要感谢为本书前期资料的搜集整理，后期文字校对，甚至部分稿件撰写付出巨大辛苦的李丹、杨晶坤、何颖、马艳、宋义琴、徐双红、张婷婷、陈湘宁、郭艳平、郑美玲等老师，是他们的努力付出让本书这么快能与大家相见。

还要感谢李鑫、代清、常家圆、刘喜双、罗丽震、董晓成、马春玲、程雪伟、尚学艳、吴迪、韩莎、王娜娜、罗斌、李刚、李奇鑫、杨晓华、赵杰、马志芳、宋淑平、张莉等老师，是他们的大力配合，组织管理学生或提供社会资源，让"提升当众表达能力"课题实验研究得以顺利实施，"提升当众表达能力"研究的突出案例和取得的一些经验成果，为本书提供了丰富的素材。

编著成书，是希望能带给您更多正能量。

愿此书能把当众讲话的快乐送给您，让您能自如表达，成为有影响力的人，把握更多人生的关键时刻！

隋 君

2022年11月